《汉语主题词表》构建研究

曾建勋 吴雯娜 常 春 刘 伟◎著

·北京·

图书在版编目（CIP）数据

《汉语主题词表》构建研究 / 曾建勋等著. —北京：科学技术文献出版社，2020.7（2021.11重印）
ISBN 978-7-5189-6948-7

Ⅰ.①汉…　Ⅱ.①曾…　Ⅲ.①《汉语主题词表》—研究　Ⅳ.① G254.242

中国版本图书馆 CIP 数据核字（2020）第 134156 号

《汉语主题词表》构建研究

| 策划编辑：周国臻 | 责任编辑：赵　斌 | 责任校对：王瑞瑞 | 责任出版：张志平 |

出　版　者　科学技术文献出版社
地　　　址　北京市复兴路15号　邮编 100038
编　务　部　（010）58882938，58882087（传真）
发　行　部　（010）58882868，58882870（传真）
邮　购　部　（010）58882873
官 方 网 址　www.stdp.com.cn
发　行　者　科学技术文献出版社发行　全国各地新华书店经销
印　刷　者　北京虎彩文化传播有限公司
版　　　次　2020年7月第1版　2021年11月第2次印刷
开　　　本　710×1000　1/16
字　　　数　163千
印　　　张　10
书　　　号　ISBN 978-7-5189-6948-7
定　　　价　48.00元

版权所有　违法必究

购买本社图书，凡字迹不清、缺页、倒页、脱页者，本社发行部负责调换

前 言

1974年8月,我国实施了"748工程"(汉字信息处理系统工程),1975年7月,作为该工程的配套项目——《汉语主题词表》编制工作启动,全国505家单位、1378人参加编表工作,此外,还有1048家单位、7519人参加部分编审工作。1980年6月,第一版《汉语主题词表》由中国科学技术情报研究所(现中国科学技术信息研究所)与北京图书馆主编、科学技术文献出版社出版,共分3卷10个分册,收录正式主题词91 158条、非正式主题词17 410条。《汉语主题词表》是我国第一部大型综合性叙词表,是专家与群众相结合,实行社会主义大协作的产物,是我国情报界与图书馆界于20世纪70年代协作的集体智慧结晶,并于1985年获得国家科学技术进步奖二等奖。

随着互联网技术的高速发展,大数据、云计算、机器智能对文本数据处理提出了更丰富的应用需求,对知识组织提出了更细粒度的计算关联要求,如进行切词、信息抽取、聚类、词频统计、情感分析等文本信息处理,在电子政务、电子商务的信息搜索中实现知识自动分类、智能推理和语义聚类,在各类知识管理中实现不同粒度的智能查询、领域监测、知识挖掘,在信息检索发现中实现分类导航和语义分面、英汉跨语言检索和辅助机器翻译等功能。这些都需要借助主题词表进行知识组织和文本处理,即《汉语主题词表》的应用将超越传统主题标引,跨出传统图书情报档案领域,融入整个文本信息处理和知识组织过程之中,应用于情报检索、搜索引擎、知识管理、电子政务、电子商务、数字出版、数据挖掘、知识计算等领域,发挥其更加广泛、更深层次和更有价值的作用,这就需要跨出图书情报视野,借助大数据、云计算和机器智能等新动能,放眼整个知识内容行业和文本信息处理领域,不断完善《汉语主题词表》的内在结构和外在功能,为《汉语主题词表》注入新鲜血液和活力,焕发数字环境下《汉语主题词表》的生命力。为此,中国科学技术信息研究所于

2009年启动《汉语主题词表》在网络环境下的重构与修订工作，并分工程技术卷、自然科学卷、生物医学农业卷和社会科学卷依次展开修订。

为此，我们在中国科学技术信息研究所信息资源中心（国家工程技术图书馆）成立了《汉语主题词表》研究编制专项组。我们在剖析和正视传统《汉语主题词表》的内在问题和外在机遇之后，通过分析新时期知识组织和文本处理对《汉语主题词表》的需求，制定新型《汉语主题词表》编制的技术路线，编制新型《汉语主题词表》的重构和修订方案，收集与加工了包括文献关键词、用户检索词、各类百科全书、专业术语、相关专业及综合叙词表等在内的术语资源，建立收词量达400万条的基础词库；研究词汇概念的分类方法，构建概念与文献导航的范畴体系；结合认知计算和机器智能应用需要，制定《汉语主题词表》编制标准和规则，开发基于标准规则的叙词表协同编制管理平台；建立专业术语选词、专业概念归类与同义词归并、关系建立、范畴划分、逻辑关系验证、英文审定、增加参考注释等工作流程；采取先选词再分编最后融合、先选词再集成最后集中编制等多种方式，展开不同领域主题词表的编制工作。目前，《汉语主题词表（工程技术卷）》《汉语主题词表（自然科学卷）》已经修订完成并出版，正联合相关单位编制《汉语主题词表（生物医学农业卷）》。

网络环境下《汉语主题词表》的重构与修订是新时期全国图书情报界再次集体协作的典范项目，是网络在线编制叙词表的协同示范。《汉语主题词表》建设和应用具有深厚的理论基础，网络环境下《汉语主题词表》既可以运用于知识组织与知识关联，又可以支撑知识计算与知识服务，通过有机地嵌入各类信息系统，实现基于《汉语主题词表》的机器标注和语义关联，直接应用到主题标引、知识检索、自动聚类、热点追踪、知识链接、术语服务、科研关系网络构建等多个方面。我们一方面期待与业界同行继续推进《汉语主题词表》的基础建设和持续维护更新；另一方面期盼社会各界全面实施网络环境下《汉语主题词表》的应用及实践，不断推进知识资源的有序组织和知识服务的深层次发展，服务于信息精确检索和数据智能挖掘。

目　录

第1章　《汉语主题词表》历史作用与现实挑战 ··········· 1
　1.1　我国主题词表发展概况 ································· 1
　1.2　《汉语主题词表》发展历程 ····························· 3
　1.3　《汉语主题词表》研究现状 ····························· 4
　1.4　《汉语主题词表》面临的挑战与机遇 ··················· 7
　1.5　网络环境下主题词表的作用及发展趋势 ················ 9

第2章　《汉语主题词表》编制思路 ························ 12
　2.1　《汉语主题词表》编制原则 ···························· 13
　2.2　《汉语主题词表》编制标准 ···························· 15
　2.3　《汉语主题词表》形态特征 ···························· 16
　2.4　《汉语主题词表》组成结构 ···························· 20
　2.5　《汉语主题词表》技术框架 ···························· 22
　2.6　《汉语主题词表》编制方案 ···························· 23

第3章　《汉语主题词表》协同编制系统 ···················· 30
　3.1　协同编制的必要性 ···································· 30
　3.2　协同编制系统的构建 ·································· 32
　3.3　协同编制系统的运作机制 ····························· 37

第4章　《汉语主题词表》基础词库 ························ 41
　4.1　基础词库与《汉语主题词表》的关系 ··················· 41
　4.2　基础词库词汇词源获取途径 ··························· 42
　4.3　基础词库元数据框架 ·································· 51
　4.4　基础词库词汇的遴选 ·································· 52
　4.5　基础词库管理与更新机制 ····························· 53

第5章 《汉语主题词表》范畴体系建设·······················55
- 5.1 范畴体系构建原则·······················55
- 5.2 范畴体系构建·······················56
- 5.3 范畴体系的映射·······················57
- 5.4 概念的范畴分类·······················59

第6章 《汉语主题词表》概念建设·······················62
- 6.1 概念的建设原则·······················62
- 6.2 概念的英文翻译·······················65
- 6.3 概念的词形控制·······················67
- 6.4 概念的词义控制·······················68
- 6.5 通用概念获取与识别·······················70

第7章 《汉语主题词表》概念关系构建·······················76
- 7.1 概念间语义关系的获取途径·······················76
- 7.2 概念间语义关系的发现方法·······················77
- 7.3 等级关系构建·······················82
- 7.4 等同关系构建·······················83
- 7.5 相关关系构建·······················86
- 7.6 概念间语义关系的合并·······················93
- 7.7 无关联概念处理·······················98
- 7.8 等级关系逻辑错误检查及处理·······················102
- 7.9 相关关系逻辑错误检查及处理·······················107

第8章 《汉语主题词表》服务与应用·······················112
- 8.1 主题词表服务现状·······················112
- 8.2 主题词表服务的基本架构·······················114
- 8.3 《汉语主题词表》功能定位·······················119
- 8.4 《汉语主题词表》服务系统·······················128

第9章 国家叙词库构建及展望·······················135
- 9.1 国家叙词库概述·······················135
- 9.2 国家叙词库的结构模式·······················136
- 9.3 国家叙词库的构建流程·······················140
- 9.4 国家叙词库的维护模式·······················143
- 9.5 国家叙词库的服务应用·······················144

参考文献·······················146

后 记·······················153

第 1 章
《汉语主题词表》历史作用与现实挑战

从人类社会产生以来，传播知识的一个重要途径就是文献记载。由于各类文献不断增多，需要有效的整理、组织，以便于检索，而主要的文献检索方法就包括主题法，其作为一种重要的知识组织方法，在提高信息检索的检全率和检准率、提供基于主题的知识关联和知识导航框架、机器的自动语义理解计算等很多方面都发挥着重要作用。因此，主题词表是一类潜在的具有高应用价值的语义资源。主题词表又称叙词表，是将自然语言转换成规范语言的一种受控的结构化词表，其作用在于指导用户选择合适的主题词或其组合来表示既定的主题。它概括了各门或某一门学科领域知识，并由术语表达的概念及语义关系构成。术语表达概念，语义相同的不同术语指称同一个概念；概念之间建立等级关系和相关关系等，概念及其关系构成了主题词表的知识网络。《汉语主题词表》（以下简称《汉表》）作为汉语类主题词表的最典型代表，是当今世界上最大规模的综合性中文主题词表。

1.1 我国主题词表发展概况

1934年我国诞生第一部主题法词表——沈祖荣的《标题总录》，该书以《美国国会图书馆标题表》为蓝本，结合中文书籍需要而编制[1]。1949年以来，一直到20世纪50—60年代，分类法研究成果比较突出，主题法研究相对较弱。1964年我国编制的《航空科技资料主题表》（第1版）[2]是我国第一部实用型标题表，1971年编制的《航空科技资料主题表》（第2版）则成为我国第一部主题词表。1980年我国出版《汉表》之后，各专业领域的中文主题词表陆续开始

---

[1] 刘湘生. 主题法的理论与标引[M]. 北京：书目文献出版社, 1985.
[2] 张琪玉, 上峰, 翟风岐. 情报检索语言论义选[M]. 北京：书目文献出版社, 1990.

编制和使用，20世纪80年代主题词表在我国发展到鼎盛时期，出现了以张琪玉《情报检索语言》为代表的大学经典教材[①]。截至2019年，我国的主题词表已达150多部。图1-1显示了我国历年编制的主题词表数量，编制工作主要集中在1981—1995年，共编制了90多部不同规模的主题词表，在数量上产生了一个明显的峰值，占总编制量的64%。我国主题词表有修订版本的共57种，占全部词表的38%，主题词表版本修订的平均时间间隔为10年。将最后版本为近10年出版的主题词表界定为"活跃词表"，我国150多部主题词表中活跃词表有14种，占全部主题词表的9%。可见，虽然我国多年来编制的主题词表已经积累到较大规模，但大部分主题词表已基本处于无维护状态，相对比较活跃的主题词表仅有十几种。

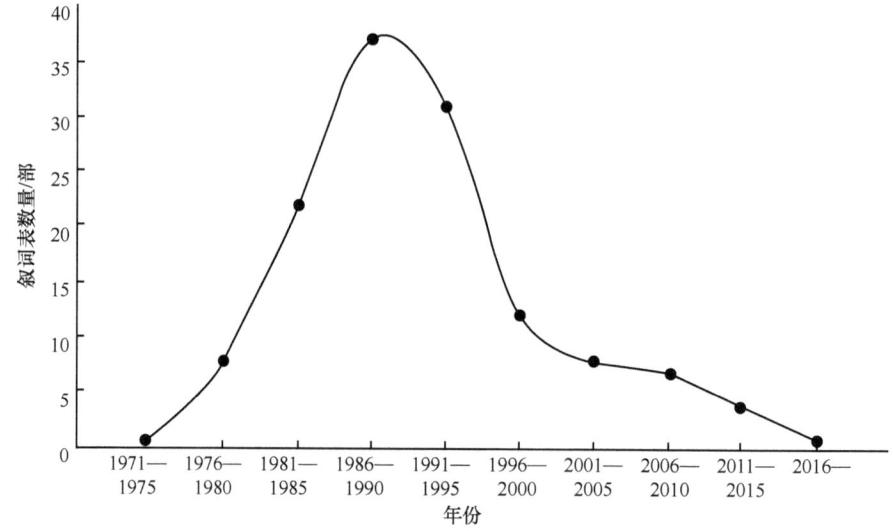

图1-1 我国主题词表编制数量与年代发展趋势

下面介绍我国主题词表的现状[②]。如前所述，我国70%的主题词表已基本处于弃用状态，只有9%的主题词表相对活跃。事实上，是不是"有用"还不是主题词表被冷落的原因，中文主题词表面临的困境是对新信息环境和技术环境的不适应，主要表现在以下方面：①主题词表编制与维护投入大、周期长。我国主题词表更新周期平均为10年，很难与日新月异的科技发展速度相适应。②正确、熟练使用主题词表进行文献标引和检索需经过专门培训和学习，对用户有较高要求。人工标引成本高、效率低，很难适应当前的文献信息增长水平。③我国绝大部分主题词表没有电子版本，在网络上也没有提供服务，印刷版主

---

① 张琪玉. 情报检索语言[M]. 武汉：武汉大学出版社, 1983.
② 吴雯娜. 我国叙词表的编制历史与发展模式[J]. 情报理论与实践, 2018, 41(6): 43-48.

题词表由于其特殊用途一般只在图书情报机构有收藏，普通用户没有机会接触和使用主题词表。难理解、难维护、难获取、难利用是原有主题词表发展中面临的重重障碍。

经过几十年的发展，主题词表已成为成熟的信息组织工具。虽然我国主题词表发展状态总体不够理想，但也有少量主题词表在持续发展，积极探索新的发展模式，如《军用主题词表》《国防科学技术叙词表》《中国分类主题词表》等。《军用主题词表》于1991年编制出版后即作为军用标准在全军范围进行培训和推广使用，之后陆续编制了《军用主题词表使用手册》《军用主题词释义词典》《军事文献主题标引规则》等辅助工具，帮助用户理解和使用主题词表。为方便用户查询和使用词表，先是开发了数字版，又于2006年开发了辅助标引系统。技术辅助、宣传培训的加强保证了《军用主题词表》在军队系统内得以应用。《中国分类主题词表》（1994年）是在《中国图书馆分类法》（第3版）和《汉表》（1980年）的基础上编制的分类主题一体化词表，由国家图书馆牵头，全国38个图书情报单位参加了编制工作[①]。《中国分类主题词表》采用分类主题一体化的集成模式，在不同类型的知识组织体系即分类法和主题词表之间进行映射。这样做的好处是，在文献标引加工时只需对文献进行一次主题分析，即可实现文献分类号与主题词的相互转换，降低了标引工作的难度和工作量，有利于提高标引工作效率。普通用户可以从分类号查主题词或从主题词查分类号，减轻了用户多次查阅不同工具的负担。

在当前网络环境下，随着大数据时代的到来和人工智能领域研究的兴起，主题词表的规模、语义关系描述方式、编制方法、服务模式和应用方向等都发生了相应的变化，显示了其作为成熟的语义工具依然在不断发展；主题词表新的发展趋势，又推动着对其研究的不断深化。

1.2 《汉语主题词表》发展历程

《汉表》是我国第一部大型综合性主题词表，是我国情报界和图书馆界众多机构和专家的集体智慧结晶。它覆盖各个学科，在我国情报检索语言发展历史中产生并起到了积极的作用，是理论研究与实践应用相结合的里程碑式产物。《汉表》至今共经历了3次大的编制，形成了3个对应的版本。

《汉表》第一版于1975年开始编制，由我国实施的"汉字信息处理系统工程"

---

① 曾立纯. 我国分类主题一体化的尝试: 编制中的《中国分类主题词表》[J]. 图书与情报工作, 1989(2): 22-26.

（又称"748"工程）支持，以中国科学技术情报研究所（现中国科学技术信息研究所）和北京图书馆（现国家图书馆）为代表的大型图书情报机构共40多家单位合作攻关，于1980年出版，分为社会科学、自然科学和附表3卷，共10个分册，全表收录主题词108 568个。第一卷（2册）为社会科学部分，第二卷（7册）为自然科学部分，两部分均包括字顺主表、范畴索引、词族索引和英汉对照索引，第三卷为附表，包括世界各国政区名称、自然地理区划名称、组织机构名称及人物名称。该版本的《汉表》是我国情报界与图书馆界20世纪70年代集体协作的智慧结晶。由于它覆盖了各个学科专业，收词量大，编制体例规范，主题标引规则通用性强，推动了我国主题标引工作的开展，在促进计算机文献数据库的建立，以及专业叙词的编制、发展与完善方面，都发挥了极为重要的作用，于1985年获得国家科学技术进步奖二等奖。该表的编制是我国的一次大规模编表实践，确立了我国主题词表的主要编制原则和方法，逐步建立了我国主题词表的相关标准。

《汉表（自然科学增订本）》由中国科学技术信息研究所继续沿用《汉表》编制方法，以《汉表》第一版的自然科学与工程技术部分为基础，进行词汇和关系的修订。该表可视为《汉表》第一版的分化版本，于1991年出版，对第一版增补新词8221条，删除不适用词5434条。增订后主表共收录主题词81 198条，其中，正式主题词68 823条，非正式主题词12 375条。增订本使用计算机订正了原表词间关系的逻辑错误，对中英文词条做了订正、优选及补遗，同时改进了编排形式，将第一版的7个分册合为4个分册，方便用户使用。

《汉表》促进了我国主题标引工作的开展，对文献进行主题标引时可使用《汉表》作为指定的主题词表，从中选用统一而规范化的术语，指明文献内容的主题，而后可用于文献的检索。《汉表》推动了专业主题词表编制、发展和完善，在《汉表》出版后，国内陆续出版了百余部中文专业主题词表[①]，这些主题词表在编制时大多抽取了《汉表》中相关专业的术语概念和语义关系，并参考《汉表》的结构和显示方式[②]，是对《汉表》的继承和发展。

1.3 《汉语主题词表》研究现状

由于《汉表》的影响力不断增加，许多学者围绕其展开了各方面的研究。本节通过对文献的梳理，旨在突出当前学者研究的热点。

---

① 鲍秀林,吴雯娜. 中文叙词表发展概况和性能测评（1980—2009）[J]. 图书馆论坛, 2012(4): 101-106.
② 洪漪. 论《汉语主题词表》的现代化改造及其发展前景[J]. 大学图书馆学报, 1992, 10(3): 23-26.

1.3.1 从关键词共现角度的现状分析

关键词共现以网状图的模式反映两个词语之间的语义关联,揭示本领域的研究热点和发展趋势。本书以"汉语主题词表"相关论文的关键词为研究对象,将不同形式的关键词按概念进行合并,如"主题词表"和"叙词表"、"语义web"和"语义网"、"Ontology"和"本体"等,并对共现次数达到10次以上的关键词进行统计。在对"汉语主题词表"相关论文关键词进行共现分析之后,再分别对《汉表》构建和应用相关论文关键词进行分析,反映二者研究侧重点的异同。

对关键词进行统计,共得出4798个关键词,利用CiteSpace软件对共现次数达到10次及以上的关键词进行统计与可视化展示(表1-1、图1-2、图1-3),并对关键词进行突发性检测。图1-2中线的粗细反映了共现的次数,可知《汉表》建设及服务方面研究集中的领域。

表1-1 "汉语主题词表"相关论文高频关键词词频统计

排名	关键词名称	词频	排名	关键词名称	词频
1	主题词表	1100	6	检索词	108
2	主题标引	375	7	本体	94
3	检索工具	262	8	范畴索引	88
4	标引人员	137	9	分类主题一体化	85
5	情报检索语言	128	10	情报检索	82

图1-2 《汉表》关键词共现图

从表 1-1 和图 1-2 可以看出，检索和标引是《汉表》应用相关论文中最基本的研究方向，相关学者集中于研究汉语主题词表的正确标引和组配，并将汉语主题词应用于情报检索语言。说明《汉表》应用的领域还以较为传统的检索、标引领域为主，一些新兴的研究方向如知识组织、语义检索等方面也出现在共现网络中。

对《汉表》研究的关键词进行聚类分析，如图 1-3 所示。可以看出《汉表》相关研究主要分为本体、主题标引、分类主题一体化、检索工具、医学索引、档案主题标引 6 个主题大类。

图 1-3 《汉表》研究的关键词聚类

1.3.2 从关键词时间分布角度的现状分析

为了更好地分析《汉表》研究的关键词变化情况，利用 CiteSpace 制作时间线图谱（图 1-4），分析每年研究内容的变化情况。

本体。1994 年词间关系进入研究者视野，为后续的知识组织、本体等相关的研究奠定基础。2004 年，知识组织的出现使《汉表》进入了一个新的发展阶段，语义网、互操作、集成化和术语服务等研究方向的出现让主题词表走向更深入的知识组织时代。

主题标引。1984 年主题标引开始被研究者关注，标引人员也成为同一时期相关研究热点；20 世纪 90 年代初期，自动标引是主题标引新出现的研究方向，而在 90 年代后期，部分学者开始对标引深度进行研究。

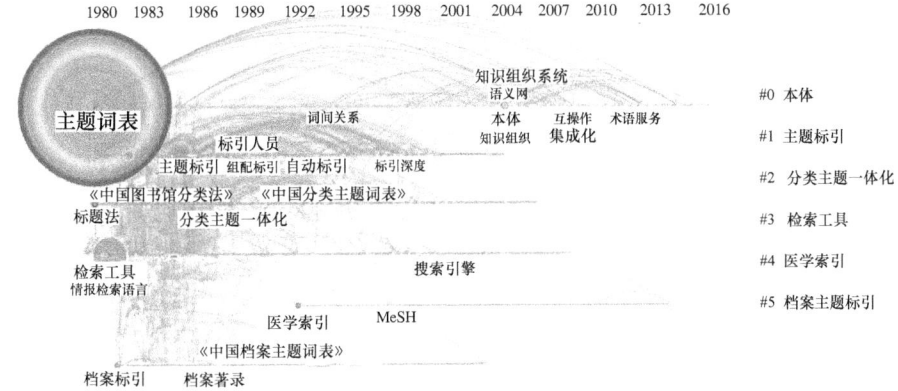

图 1-4 《汉表》相关论文时间线图谱

分类主题一体化。分类主题一体化的研究从20世纪80年代开始，最早是对《中国图书馆分类法》和汉语主题词表融合的探讨；《中国分类主题词表》的出版让分类主题一体化研究有了新的研究对象和研究热点。

医学索引。医学索引的研究从1992年开始，20世纪90年代末MeSH词表的变更和使用，使MeSH词表成为医学索引研究方向的重要研究对象。

档案主题标引。档案标引的相关研究从1980年开始，1988年编制的《中国档案主题词表》是档案主题标引的重要研究内容，在2002年之后研究逐渐减少。

1.4 《汉语主题词表》面临的挑战与机遇

1.4.1 《汉语主题词表》的时代需求

随着科学技术的发展，无论是科技术语还是学科知识都发生了巨大变化，新术语、新概念大量涌现，语义关系越来越复杂，从领域特征上表现出主题词表编制新的国际发展趋势，从传统的"用、代、属、分、参"词间关系，发展为更加细化、更加专一的概念语义关系，构建成各种语义类型、语义关联的知识网络。而我国目前已有相关主题词表收录的科技术语和语义知识已经陈旧，使用环境也发生了以机器应用为主的巨大变化，使新型《汉表》的编研成为亟须开展的科技基础性工作。我国的主题词表资源也较为分散，没有发挥出整体协同作用，也需要从国家战略层面建设，将包括各个科技及专业领域的汉语主题词表，作为重要科技基础资源，加以收集和整理，进行数据信息的规范化，协同发挥知识组织功能。通过新型《汉表》的编研，将收录大量专业科技术语，标注术语学科属性和知识结构。在网络信息环境下，新型《汉表》的应用不再局限于传统的文献标引和检索，通过全学科覆盖、扩展术语规模、提升知识描述的逻辑性和清晰度，未来可望发展为国家层面信息基础结构的组成部分，用于支持文本信息的知识抽取、关联揭示及推演，用作科技资源、成果、项目等的知识组织系统，不同信息系统间数据交换共享的术语转换系统，以及大数据统计分析的数据集成框架等。

1.4.2 《汉语主题词表》面临的挑战

从20世纪90年代起，全球进入互联网时代，面对新的信息环境和技术环境，《汉表》面临的挑战主要表现在以下方面：①《汉表》编制与维护投入大、周期长。《汉表》更新周期平均为10年以上，很难与日新月异的科技发展速度相适应。②正确、熟练使用《汉表》进行文献标引和检索需经过专门培训和学习，对用户有较高要求。人工标引成本高、效率低，很难适应当前的文献信息增长水平。③信息环境由以前的纸质环境转向数字化、网络化环境，目前国际上越来越多的主题词表已逐步转向电子主题词表和网络主题词表，其编制和维护需要软件来支持。④经过几十年的发展，国内外已经形成了相当数量的主题词表，并广泛应用于各种类型信息资源的组织，主题词表编制实践相对成熟。目前，主题词表要解决词表之间的互操作，否则将难以满足用户对多种类型信息资源实现无障碍检索的需求。难理解、难维护、难获取、难利用是现实中《汉表》发展面临的困境。过去《汉表》的应用主要局限在图书情报领域，但《汉表》作为一种术语表示的知识结构，可以发挥的作用还有很多，《汉表》要取得更大的发展空间，需要在应用的自动化和智能化技术方面有所突破，这不是孤立的问题，涉及一系列相关技术，还需要更多的研究、探索和实践。

1.4.3 《汉语主题词表》面临的机遇

信息技术的发展对《汉表》的编制产生了深远影响。自动化技术的采用可以减少编制的工作量，缩短编制的周期；基于大数据分析的词表词汇采集、筛选和词间关系识别能有效地弥补完全基于个人知识背景和经验所带来的偏差。此外，《汉表》编制系统可以有效控制主题词表编制中的逻辑错误，提高编制的质量。主要体现在：计算机在《汉表》编制中的应用导致了《汉表》编制软件的出现，计算机自动化技术的应用大大缓解了《汉表》中的词汇数量控制问题；可视化技术的应用可以促进《汉表》在网络环境下动态、全面地显示词间关系，使用户的浏览和检索更便利；《汉表》是我国最具代表性的知识组织工具之一，从知识组织的发展来看,信息技术的发展,如聚类、自动分类、协同过滤、搜索算法等都在影响着知识组织的实践发展。

1.5 网络环境下主题词表的作用及发展趋势

网络环境下,对海量信息资源进行检索利用,提供知识化服务,是新时期知识组织领域的研究热点之一。相应地,主题词表功能及发展趋势也在发生着变化。

1.5.1 主题词表的作用与意义

主题词表具有规范性、开放性的特点及结构化和形式化特征,更利于计算机理解应用。主题词表高度的结构化和形式化,知识体系完备,适于计算机理解和应用,可有效支撑以语义智能化为特征的科学研究等。主题词表的作用和意义可以包括以下4个方面。

(1) 主题词表对专业领域知识的规范化组织与梳理

主题词表是通过术语和语义关系发挥知识组织功能的。主题词表具有描述和表达文献主题的功能,通过专业概念形成的知识分类体系,在信息处理和知识组织过程中,系统、准确地描述和表达已经存在的科技知识,组织和序化科技数据,揭示科技文献资源中蕴含的科技知识,对科技主题和科研活动的关联关系进行推理,通过机器学习应用于人工智能等领域,在大数据环境下进行数据信息有效整理、规范和关联,起到术语规范、主题识别、学科分类、知识抽取识别和知识关系关联等作用。

(2) 主题词表对海量多源异构知识的聚合

在当今时代,各种知识的规模不仅越来越大,还呈现多来源、多领域、多类型的特征。不同来源的知识体系之间关联松散,在语义表达上各不相同,同义、近义、歧义等语义现象造成相同知识不同的表达和相同的语义在不同领域表达不同的知识,这就成为当前泛在环境下对不同源、不同种类及不同类型知识进行聚合的主要障碍之一。主题词表对名录、名称表、百科、词典等不同类型的知识体系,具有重要的概念覆盖和语义关联作用。名称类型的知识可以作为概念术语的实例和实体名称进行表达,关联到主题词表的概念术语,实现以主题词表为主干知识脉络,连接其他各类科技术语表,共同为科技创新服务。

(3) 主题词表是支撑科学研究发展的基础性语义工具

人类社会的发展是通过科技创新体现的,尤其是近代几百年的科技发展如火如荼,新概念、新术语不断诞生,知识组织的需求越来越迫切,主题词表将成为大数据、人工智能的重要知识组织工具。主题词表是典型的科技基础性语义工具,具有基础性、公益性、系统性等特征。基础性表现为主题词表收集了科技工作、科技活动需要的全部科技概念术语和主题知识;公益性表现为主题词表的建设属于劳动密集型、知识密集型等繁杂枯燥工作任务,是国家战略层面的基础公益事业;系统性表现为主题词表全面反映了一个学科/领域的知识体系,需要编制成具有概念逻辑性的知识系统。主题词表已经广泛应用到我国的科技信息组织管理过程中,应用在大数据的知识推理与智能检索中等。

(4)主题词表是信息需求与知识服务之间的桥梁

传统知识服务方式中用户对知识的获取需要熟悉专业的检索语言,知识服务系统服务的效果取决于用户对检索技巧的掌握和对知识服务系统的了解程度。知识服务系统对用户专业的检索技巧过高要求,造成用户需求和知识服务系统之间巨大的鸿沟,但当前用户使用自然语言对需求的表达已成为必然的趋势。主题词表通过对用户自然语言表达需求的规范化描述和深度的语义推理,不仅能够向知识服务系统准确表达用户的需求,还能够进一步挖掘用户更潜在深层的目的意图,成为用户需求和知识服务系统之间精准沟通的语义桥梁。

1.5.2 我国主题词表的发展趋势

在当前网络环境下,随着大数据时代的到来和人工智能领域研究的兴起,主题词表的规模、语义关系描述方式、编制方法、服务模式和应用方向等都发生了相应的变化,主要表现在以下5个方面。

(1)规模大型化

随着互联网的发展、文献量的增加及计算机辅助编制技术的应用,无论是综合主题词表还是专业主题词表都朝着大型化的方向发展。MeSH收录了近3万个概念和近25万条补充概念记录;AGROVOC包含36 000多个概念;CAB主题词表收录了超过30万条的术语;NCI主题词表[①]收录了超过10万个概念和超过40万条关系。

(2)关系复杂化

传统主题词表通过等同关系、等级关系和相关关系3种语义关系,形成语义联系。这3种语义关系没有经过严格的定义,表达过于宽泛和模糊,特别是相关关系,由于没有统一的标准,只是术语之间除等同关系、等级关系之外语义相关的一种关系,其表现出来的逻辑更是多种多样。目前,很多领域(如生

---

① CORONADOA S D, HABERB M W, SIOUTOSC N, et al. NCI thesaurus: using science-based terminology to integrate cancer research results[J]. Studies in health technology and informatics, 2004, 107(1):33-37.

物、医学、农业领域）的主题词表在不断进行关系细化，建立在严格逻辑之上的深入、细致和全面的关系有助于计算机使用主题词表进行推理得到正确的语义。目前，AGROVOC对等同关系进行了区分，如曾用名、本地名等；相关关系的类型更多达131种。MeSH的非等级关系也有几种不同的表现形式，除传统的参见外，还包括药理作用和入口组合。NCI定义了97种关系，UMLS的语义网定义了54种语义关系，SNOMED CT定义了65种关系。例如，SNOMED CT中的一种疾病术语，可以有"发现部位""相关形态学""相关发现""发病""病因""病程""严重程度"等相关关系。

（3）编制智能化

现阶段，主题词表编制和维护都不同程度地与各种智能化技术手段进行结合，智能化技术的应用可以减少工作量，缩短词表编制周期；基于大数据分析的词表词汇采集、筛选和词间关系识别能有效地弥补基于个人知识背景和经验所带来的偏差。主要编制工作过程也在网上实现可视化，通过图形清晰表达概念及词间关系，通过拖动、连接、合并等界面简单操作，随时提出概念及词间关系的建立或修改建议，其他编制者也可以在网上同步显示相应的工作过程及结果。同时，还可以进行概念逻辑关系的自动校验和修正，提升词表的编制效率和质量。

（4）服务集成化

文献信息资源共建共享存在着跨库、跨学科、跨语言等问题。要实现资源一站式发现，实现知识共享，除了对研究对象进行规范化描述外，还需要集成使用多种知识组织工具，要集成各种来源的数据并进行开放程度很高的共享。单独使用主题词表难以很好地组织和揭示信息，必须多个知识组织工具配合使用，才能发挥组织的最佳效能。例如，主题词表和名录结合使用，一方面可以扩充主题词表的实例词体量；另一方面可以帮助名录数据库构建关联性网络和揭示内部信息的知识结构，实现语义集成。

（5）应用多样化

在现今技术条件允许的情况下，主题词表的应用需要从以人为主转变到以机器为主，从以文献检索为主扩展到自然语言处理和知识计算服务等领域，将主题词表作为底层语义工具，支持文本信息处理的自动化和服务的智能化过程。主题词表自动标引技术发展较快，已经有了一些自动标引工具，并有了实际的应用。在基于主题词表的知识组织方面，主要的应用模式是利用主题词表辅助用户构建检索式，基于主题词表进行扩检、缩检及跨语言检索，或者利用主题词表知识结构作为信息的再组织和知识导航的框架等。

第 2 章

《汉语主题词表》编制思路

在网络环境下，信息存储、管理、传播等发生了根本性的变化。借助于易于获取的海量信息资源和不受时空限制的网络技术，使自由参与信息资源的组织成为现实。由此，使得主题词表的编制方法、应用方式，甚至表现形态等也发生了根本性变化[①]。在这种背景下，中国科学技术信息研究所近年来组织全国的情报检索语言专家，对《汉表》修订工作进行全方位咨询和论证，于2009年正式启动《汉表》在网络环境下的修订改造工作。这项工作以《汉表（工程技术卷）》为起点，全面展开编制方法的前期论证，以及编制规则制定、编制平台研制、基础词库建设、范畴类目修订等相关工作。网络环境下从信息服务向知识服务转型过程中，新型《汉表》的表现形态、编制维护方式和功能定位都将发生深刻的变化，《汉表》的构建将随着时代的发展而与时俱进[②]。该版本《汉表》的编制分为4个阶段逐步展开，依次为工程技术卷、自然科学卷、生物医学农业卷和社会科学卷。工程技术卷已于2014年完成并出版，共13册，收录概念19.6万个、术语36万条。考虑到生物学和医学、农业有较大的交叉渗透，将生物学从自然科学卷里分离出来，与医学、农业合编为生物医学农业卷。目前自然科学卷已于2018年完成并出版，共13册，收录概念6.5万个、术语12.4万条。工程技术卷、自然科学卷已经在国家工程技术图书馆进行示范应用，对国家工程技术图书馆的服务质量起到了较好的效果。生物医学农业卷的编制已于2020年启动，最后将编制社会科学卷。

---

① 曾建勋, 常春. 网络环境下新型《汉语主题词表》的功能定位与发展[J]. 情报学报, 2010, 29(6): 973-977.
② 贺德方.《汉语主题词表》的回顾与展望[J]. 情报理论与实践, 2010(2): 1-4.

第2章 《汉语主题词表》编制思路

2.1 《汉语主题词表》编制原则[①]

2.1.1 从海量素材资源甄选概念术语

以往主题词表概念术语的选择主要由领域专家人工确定,虽然也会考虑文献覆盖、使用词频等客观量化的因素,但当时计算机应用普及程度低,无法获取海量的语料,造成在实际操作中无法准确地获取这些客观指标,所以往往是领域专家决定术语的选取数量和具体词汇。由于人为因素为主,很容易出现同一领域不同专家选用的术语不一致,导致主题词表的应用存在偏差和阻力。在数字化、网络化的信息环境下,已经具备万方数据、维普、CNKI等大型文献语料库,以及类似谷歌和百度等可以搜索互联网上主要信息的网络搜索引擎,同时,还可以通过日志获取用户使用检索词汇的种类和频次[②]。所有这些语料,为主题词表编制中基于概念覆盖、基于词频统计、基于用户使用的关键词来选取规范的概念术语奠定了基础,为概念术语的选取提供了数据支持和科学依据。我们统计了万方数据和维普1989—2018年所有收录期刊论文的关键词,经过去重以后,关键词数量约为1003万个,这些词还具备所处期刊、文章、中图分类号等多种语料信息。可见,仅关键词一项语料资源就可以进行大量的统计工作,为概念术语的选取提供了数据支持和科学依据。

2.1.2 基于知识关联构建语义关系

传统主题词表的语义关系建立,同样也是由领域专家人工建立并确定的。由于专家背景知识的个体差异和对主题词表的不同理解,造成他们提供的语义关系不一定符合专业主题词表语义关系的正确表达,语义关系以领域专家力图反映领域知识结构为主,体现领域知识之间真正语义关系有一定差异,这样不利于提供准确的知识服务。在网络环境下,主题词表语义关系的建立,同样可以利用海量的语料。以万方数据和维普的数据为例,在选定了某一领域一定数量的概念术语以后,将这些术语两两组合,统计在专业文献的标题、关键词或文摘语料库中的共现频率[③],通过术语前方一致、后方一致等语言处理[④],还可以

[①] 曾建勋,常春. 网络环境下新型《汉语主题词表》的功能定位与发展[J]. 情报学报, 2010, 29(6): 973-977.
[②] 常春,吴雯娜. 网络时代专业叙词表选词规则实践与讨论[C]//全国第五次情报检索语言发展方向研讨会论文集. 上海, 2009: 107-113.
[③] 常春,赖院根. 基于文献标题词汇共现获取词间关系研究[J]. 图书情报工作, 2009(8):17-20.
[④] 常春,吴雯娜,曾建勋. 基于后方一致获取词间关系[J]. 情报科学, 2009(7).1085-1088.

通过垂直搜索统计网络专业信息中的共现频次、共篇、同引、耦合等多种方法和手段，来确定语义关系，也从建立语义关系的源头上保证了通过主题词表可以实现相关知识文献的准确获取。

2.1.3 基于多表映射进行集成融合

《汉表》的建设带动了我国众多专业词表的建设。网络环境下新型《汉表》的建设，需要对相关知识组织体系进行转化、映射或融合，一方面从技术角度达到互操作等知识共享应用目的；另一方面不同程度地吸收相关词表的词汇概念及其语义关系。根据知识本体、语义网络的设计思想，建立语义类型（较宽泛的主题类目）与语义关系（术语概念间关系）相结合的基础构架，对传统分类法、主题词表、标题表、术语词典等进行结构改造和兼容；基于不同知识组织系统自身体系结构建立映射，在不同的受控词表之间或词表与分类号之间建立等同词联系；根据同一元数据或编目记录中同时出现的来自不同体系的术语建立链接关系，将词汇与其他词汇根据语义关系，而不只是概念的等价性链接起来；利用各种语义工具、专家系统等建立起概念、术语间错综复杂的关系，使计算机系统理解用户的检索请求，帮助用户实现语义检索和知识挖掘。

2.1.4 基于网络平台进行协同编制

网络时代《汉表》使用标准的数据格式，如SKOS（简单知识组织系统）格式[①]或OWL格式[②]，将有利于不同系统、不同操作平台的数据转换和数据利用。这些语言都独立于具体的系统平台，可以单独表达术语概念及语义关系。机器可以理解其中的知识结构和知识体系。在主题词表的编制中，可以编制网络可视化系统，清晰表达各类知识结构层次关系。在编制方面，系统支持不同地域的主题词表编制者同时在一个网络平台上工作。不同编制者上传的数据和语义关系，既可以保留编制者的数据信息，又可以展示所有编制者共同工作的集成成果，而且主要编制工作过程也在网上实现可视化，通过图形清晰地表达概念及语义关系，通过拖动、连接、合并等界面简单操作，随时提出概念及语义关系的建立或修改建议，其他编制者也可以在网上同步显示相应的工作过程及结果。同时，还可以进行概念逻辑关系的自动校验和修正，提升《汉表》的编制效率和质量。

---

① W3C. SKOS core guide[EB/OL]. [2010-06-25]. http://www.w3.org/TR/2005/WD-swbp-skos-core-guide-20051102.

② W3C. Web ontology language[EB/OL]. [2010-06-25]. http://www.w3.org/TR/owl-features.

2.2 《汉语主题词表》编制标准[1]

主题词表编制标准是对主题词表的编制予以规定的规范性文件。主题词表编制的标准化主要有两个作用：一方面，有助于那些编制主题词表的人学习到其他人的编制经验，利用经过广泛讨论的标准程序来编制词表，起到事半功倍的作用；另一方面，可使主题词表之间具有兼容性，促进不同信息服务机构之间的数据交换。20世纪90年代初，参照主题词表的ISO 25964-1、ISO 25964-2等国际标准，我国制定了主题词表的编制和使用标准，即1991年的GB 13190—91《汉语叙词表编制规则》[2]、1994年的GB/T 15417—94《文献多语种叙词表编制规则》[3]，以及1995年的GB 3860—1995《文献叙词标引规则》[4]。

新型《汉表》项目组基于国家标准GB 13190—91《汉语叙词表编制规则》制定了《〈汉表〉编制手册》，之后参考ISO 25964-1《信息与文献——叙词表及与其他词表的互操作》国际标准，以及近年来主题词表编制方面的最新研究成果进行改进，并基于《中国图书资料分类法》（第4版）[以下简称《资料法》)（第4版）]建立了分类表。新型《汉表》的编制标准主要体现在以下3个方面。

（1）网络环境下数字化的编制原则

主题词表的编制原则一直是主题词表编制标准的核心内容。经过几十年的发展，主题词表的编制原则已经发展成熟，变化不大。但为了充分反映网络环境对主题词表编制的影响，相应的标准内容有所增加：①电子主题词表的功能及其显示；②主题词表编制软件的功能要求。这些内容的增加确保了网络环境下主题词表编制及相关软件的标准化。

（2）词表之间数据的交换

为了使主题词表数据可以在更广大范围内利用其他词表数据进行编制，标准进行了3个方面的规范：①数据结构模型，主要是针对数据的逻辑结构，基于这一模型，可以发送或接收电子版的词表数据；②数据交换格式，不同计算机程序间的互操作要求有一个统一的词表数据交换格式，需要兼容4种较常用

---

[1] 刘华. 叙词表国际标准的修订及其对基于知识组织的术语服务的影响[J]. 图书情报工作, 2012, 56(22): 21-25.
[2] 全国文献工作标准化技术委员会. 汉语叙词表编制规则: GB 13190—91[S]. 北京: 中国标准出版社, 1992.
[3] 全国情报文献工作标准化技术委员会. 文献多语种叙词表编制规则: GB/T 15417—94[S]. 北京: 中国标准出版社, 1994.
[4] 全国文献工作标准化技术委员会. 文献叙词标引规则: GB/T 3860—1995[S]. 北京: 中国标准出版社, 1995.

的格式，即MARC（机器可读目录）、SKOS、Zthes和DD 8723-5，以及用XML定义的词表抽象模型；③协议，确保词表在不同网络环境下得以应用的通信工具，这些协议的选择要依据应用需求，特别是应用的目的和软件环境。

（3）词表之间的映射

为了方便对不同环境、不同目的和用于不同用户群体信息资源的访问，词表之间的映射是重要的。映射是在异构环境中实现语义互操作的一个关键需求。针对这一问题，在新型《汉表》编制时做出了以下3个方面的规范：①界定映射类型，主要包括等同映射、层级映射和相关映射，同时还指出，在涉及其他知识组织体系，如本体时，还需要考虑到其他关系的映射。②提出了用于映射的结构模型，包括3种结构模型，一是统一结构模型，适用于概念之间层级和相关关系结构完全一致的词表之间的映射；二是直接关联模型；三是中心模型，后两种模型适用于结构不一致的词表之间的映射。③映射后词表的显示，这部分标准内容所规范的词表显示并不是面向最终用户的，而是为了便于词表映射的构建与维护。

2.3 《汉语主题词表》形态特征

新型《汉表》是对前两版的继承与发展，更是在前两版基础上的重新编制，在编制方式上发生了巨大的变化，需要及时反映学科技术的最新变化，既要继承传统主题词表的优势，又要适应网络时代的发展，能够满足数字科研环境下对海量文本进行知识组织挖掘和语义计算等需求，是一种典型的主题词表知识体系，是专业学科领域的概念集合，概念之间由等级关系和相关关系相互连接形成知识体系。新型《汉表》是对概念语义的控制工具：语义相同、词形不同的术语指向同一个概念，词形相同、语义不同的词汇指向不同概念，以此实现对自然语言中的一词多义和多词一义现象进行控制。

与前两版《汉表》相比，新型《汉表》主要具有以下特征。首先，充分考虑网络环境下主题词表的编制和应用特征，词量大、等同率高等。新型《汉表》的工程技术卷和自然科学卷分别收录了高达36万条和12.4万条术语，远远高于前两版《汉表》。其次，覆盖学科全，新型《汉表》定位为大型综合性主题词表，覆盖各个学科专业，包含《中国图书馆分类法》中的全部学科。最后，参照体系完整，新型《汉表》的术语之间不是孤立的，而是通过语义关系参照系统建立联系，形成一个有机的知识网络结构，具体包括等同关系、等级关系和相关关系。

网络环境下，新型《汉表》是由基础词库、核心词库、主题词库等构成的知识组织系统，将充分考虑用户检索用词和文献主题的准确表达，使主题词库与自然语言尽量一致。整个概念体系是机器可读和可理解的，采用RDF、OWL或SKOS机器语言表达概念关系，并以立体方式展现分布在多个树状结构中的概念，为每个概念设置超链接，揭示立体网状结构中不同节点之间的关联关系①，构成由简到繁的知识地图和初级本体级别的语义关系。此外，新型《汉表》的编制与维护将充分发挥用户的积极性，采用在线主题词表编制平台，提供基于知识组织的术语服务，加强与用户的交互。采用智能化和可视化技术，提供更多人性化的应用方式，并建立动态变化的专业知识体系更新机制②。

2.3.1 专业术语概念集成的知识组织系统③

网络环境下，新型《汉表》的总体形态特征将从一个包含优选词和非优选词的单一词表，转变为包括基础词库、核心词库、主题词词库等在内的知识组织系统，包含词汇、术语、概念和实例数据库。目前，我们正在开展的相关工作包括：《汉表》基础词库建设、专业核心候选词库建设、词汇空间向概念空间的映射、词间关系的自动构建等。修订改造后的《汉表》，其表现形态将不再是10个分册的纸质版本，而是包含分类、主题和概念等不同语义级别的一系列词汇和概念数据库的集成知识组织系统。其具有以下特点：①不再控制概念术语的数量，而是尽可能找全所有的专业术语。②给出这些术语之间尽量多的词间关系，不必刻意区分优选词和非优选词，尽量穷尽所有的同义词关系；通过计算机聚类和关联分析尽量获得相关关系。③专注于如何获取全面的概念术语，以及建立完整的概念关系。④在词表词汇组成方面，将从过去10万个左右概念词汇组成的单一词表，转变为将来的从基础词库、核心词库、主题词库，从十万级到百万级词汇数量的一套词汇概念知识体系。新型《汉表》还将包括系列实例知识数据库，如时间、空间、机构、国家等通用实体知识数据库，地理名称、化学名称、部件组成等专业实体知识库，并涵盖专有名词实例数据。

2.3.2 呈立体结构的概念语义网络

传统主题词表呈现的是一种树状结构，它对知识的组织采用从总到分、层层推进的方式展开，有着很强的系统性。为了便于文献标引，传统主题词表一

---

① OWL web ontology language[EB/OL]. [2010-06-25]. http://www.w3.org/TR/owl-features.
② 曾建勋,常春,吴雯娜,等.网络环境下新型《汉语主题词表》的构建[J].中国图书馆学报,2011,29(4):43-49.
③ 曾建勋,常春.网络环境下新型《汉语主题词表》的功能定位与发展[J].情报学报,2010,29(6):973-977.

般将概念平行分布在多个树状结构内。但是，在网络环境下，各种信息技术手段的应用，可以克服复杂的词间关系在传统纸质显示中受空间因素制约的不足，以立体的方式展现分布在多个树状结构中的概念，使整个概念体系呈现立体网状结构。类似于语义网络的概念网络，将某一领域内的知识元素按其内在关联属性，以可视化的形式展现，揭示知识结构及其细节变化。同时也为每个概念设置了超链接，从而揭示立体网状结构中不同节点之间的关联关系。

2.3.3 机器可理解的概念知识关系体系

网络环境下新型《汉表》将是机器可理解、表达适度概念关系的知识组织体系。传统主题词表主要通过人工标引和检索发挥作用，语义关系的制定和使用也由人工完成。网络环境下，新型《汉表》的主要使用方式将转入系统后台，通过机器直接阅读主题词表的语义关系，用于机器标引和智能推理与检索。目前实现了基于XML数据格式使用RDF或OWL机器语言表达词表概念关系[①]。用户或系统管理者可以根据使用目的的不同进行相应定制，达到最佳使用效果。概念关系将在传统的等同关系、等级关系和相关关系基础上，向简约和细化两个方向发展，构成由简到繁的知识地图，甚至达到初级本体级别的语义关系。

2.3.4 基于用户检索和文献语料的专业知识组织工具

网络环境下，新型《汉表》的词汇来源将充分考虑用户检索用词和文献主题的准确表达，实现主题词库与用户检索用词最大限度的一致。目前的大型网络数据库，如万方数据、维普等，为我们实现这样的目标提供了可能。首先通过检索这些数据库用户的检索日志，来获取用户检索用词，并根据用户专业等信息对这些检索词进行标准化清洗，可获得符合主题词表标准的规范化词汇。然后通过词频统计和聚类等信息技术，使用加权等选择手段，从海量专业文献中选出主题词表的系列概念词汇。最后综合用户检索词和文献语料库词汇信息，得到主题词表系列数据库词汇系统，具备用户依据和文献依据，为新型《汉表》的有效利用奠定坚实的基础[②]。

---

① 鲜国建, 孟宪学, 常春. 农业科学叙词表的OWL表示研究[C]//中国农科院农业信息研究所建所50周年庆祝大会暨中国农业信息科技创新与学科发展大会论文汇编. 北京, 2007.
② 常春, 吴雯娜. 网络时代专业叙词表选词规则实践与讨论[C]//全国第五次情报检索语言发展方向研讨会论文集. 上海, 2009: 107-113.

2.3.5 用户参与编制维护的知识表达工具

网络环境下，新型《汉表》无论是其编制还是其维护过程，都将充分发挥用户的积极性，都将在用户的全力参与下完成。在编制方面，没有时空限制的网络环境，为用户参与主题词表的编制提供了可能：通过在线的主题词表编制平台，在专业概念分类、重点概念建议、词间关系建立等多个方面，用户可以与主题词表编制人员或组织进行互动，随时修改和完善主题词表的编制。在维护方面，更能体现用户的参与作用，虽然新型《汉表》的直接应用是通过机器实现的，但最终还是为用户服务的，用户在使用过程中，可以根据自己的领域知识在线参与修订和维护主题词表，充分体现用户的需求，发挥用户的积极作用。

2.3.6 智能化和可视化应用的系统

网络环境下，新型《汉表》可以提供更多人性化的应用方式。系统具备默认的智能检索方式，用户无须查阅浏览主题词表的概念知识体系，主题词表在后台系统中直接运行默认的词表应用，发挥主题词表的查全查准功能。此外，用户检索过程的不同阶段都会有主题词表的智能参与，如在用户输入检索词过程中，检索系统依据主题词表的词汇数据库和概念语义关系，自动提供适合用户专业背景的概念词汇。同时，还具备可视化特征，在用户需要的时候，可通过合适的图像或多媒体的方式将主题词表的概念关系形象直观地展示给用户，更利于用户的学习使用，也利于知识的传播，以区别于传统主题词表的不同应用方式。

2.3.7 动态变化的专业知识体系更新工具

修订改造后的新型《汉表》以系列词汇概念数据库为基本组成，是学科分类相对集中的立体网状知识体系。词汇、概念系统具有纵横动态更新变化的特点。纵向变化表现为：基础词库的自由词始终处于动态更新中，专业核心词库随时间变化相对稳定，主题词词库相对固定；横向变化表现为：可以根据信息管理与专业领域的需要，分解或从中提取任何一个专业领域的专业主题词表，如基于基础词库、核心词库、范畴分类等信息，构建农业科学主题词表、建筑科学主题词表等。新型《汉表》词汇数据库系统，将具备机器可识别的专业核心概念、专业通用概念和通用概念等，概念关系在专业领域内相对集中，在领域间互联互通，可以根据信息组织需求，自动生成不同专业的主题词表。

2.4 《汉语主题词表》组成结构

新型《汉表》的组成结构可以表现为宏观结构和微观结构两个方面。

在宏观结构特征方面,传统印刷版主题词表一般是由字顺表(也称主表)、各种辅助索引及相应的附表组成。国家标准GB 13190—91规定字顺表是主题词表的主体,并对优选词与非优选词在字顺表、索引及附表中的显示编排格式做了基本规定。新型《汉表》属于网络版主题词表,其宏观结构指多概念体系的组成结构及该表不同版本之间的关联关系,主要由数据和系统两部分构成。数据包括主表和范畴表。主表包括全部概念数据及概念之间的语义关系数据。概念数据是指表达指称每一个概念的优选词与非优选词数据,以及每个概念的范畴分类、英文翻译等属性数据。语义关系数据是指用、代、属、分、参等关系数据。等同关系在主题词表中是规范优选词与确定概念外延的一种重要措施。通过等同关系把不同词语表述的完全相同或相近主题的文献信息聚集在一个概念代表的信息集合之内,从而能使用户的检索需求达到较为满意的结果。等级关系是指上位概念和下位概念之间的关系,亦称属分关系。建立词间等级关系是反映词间包含关系的一种手段。反映词间等级关系的结构形式,是主题词表与一般词汇表或词典的主要区别之一。建立等级关系的目的是为文献标引与信息检索提供属分关系检索的需要。相关关系是指概念之间除等级关系之外彼此关联的关系。在概念之间建立这种联系,不仅方便标引人员在相关概念的比较中选准标引用词,更重要的是方便检索者从相关叙词中选准和选全表达检索用的叙词,从而提高检索效率。

范畴分类表是新型《汉表》的概念分类体系,其基本构成单元为范畴类目。主表中概念的范畴分类号是对范畴分类表中的范畴类目的引用[①],如表2-1所示。

表2-1 《汉表》范畴表一级类目

马克思主义、列宁主义、毛泽东思想、邓小平理论	管理学
哲学、宗教	民族学
统计学	人才学
社会学	劳动科学
人口学	政治、法律

---

① 吴雯娜, 鲍秀林. 国家叙词库的体系结构与数据模型[J]. 中国图书馆学报, 2016, 42(2): 81-96.

续表

军事	计量学
经济	矿业工程
文化、科学、教育、体育	石油天然气工业
语言、文字	冶金工业
文学	金属学、金属工艺
艺术	机械仪表工业
历史、地理	武器工业
非线性科学	能源动力工程
系统科学	原子能技术、核技术
数理科学与化学	电工技术
天文学、地球科学	电子技术、信息技术
生物科学	自动化技术、计算机技术
医药卫生	化学工业
农业科学	轻工业
工程基础科学	建筑科学
工程材料	水利工程
声学工程	交通运输
制冷工程	航空航天
真空技术	环境科学
摄影技术	通用概念

　　在微观结构特征方面，新型《汉表》中如果只有一个术语表达一个概念，则这个术语就是优选词，没有对应的非优选词；如果有多个术语都能分别表达一个概念，则多个术语中，词频较高的规范化术语一般就作为这个概念的优选词，其他术语就是非优选词。优选词是概念的标签，通常情况下，一个优选词代表一个概念，一个非优选词对应一个概念。表达相同概念的不同术语，其词间关系主要包括优选词与非优选词间的等同关系；表达不同概念间的词间关系，主要包括优选词的等级关系和相关关系。新型《汉表》规定的优选词与非优选词的微观结构只示意属性及关系内涵，具体界面表达、可视化方法随不同的软件平台表现形式不同。

　　新型《汉表》中的概念作为节点，节点之间的关系形成边，边将概念节点连接起来，形成概念网络。等级关系将具有隶属关系的若干概念节点自上而下串接起来，形成纵深走向的知识链，知识链的分化及聚合构成了新型《汉表》

知识体系的纵深结构,这是《汉表》知识体系的基本骨架。《汉表》中的相关关系建立了不同知识链概念节点间的横向关联,使新型《汉表》进一步从"树结构"演变为"网结构"①。

为了编制《汉表》,在搜集所有主题词表词汇、关键词、用户检索词、科技名词术语、百科词汇等大量词汇素材基础上,建立了专门的新型《汉表》基础词库。基础词库的术语原始属性信息通常包括31项(表2-2)。由于每个术语的来源不同、身份不同,其具备的原始属性也不同。当某一术语在新型《汉表》中定位到具体的身份或位置时,它的属性也就稳定了。

表2-2 新型《汉表》的元数据属性

00	中图分类号	16	组代
01	范畴号	17	领词
02	汉语拼音	18	代码
03	英文	19	和项
04	用项	20	历史注释
05	代项	21	同项
06	属项	22	中文
07	分项	23	增词时间
08	参项	24	缩略语
09	族项	25	词频
10	分面	26	浏览次数
11	化学特征	27	编辑次数
12	注释	28	用户评价
13	见	29	形式分类
14	见代	30	词类型
15	用和		

2.5 《汉语主题词表》技术框架

新型《汉表》不仅要吸纳各专业表中的专业概念,借鉴已有的参照关系,而且要利用文献数据库中的关键词及检索系统中的用户检索词增补大量词汇。

---

① 吴雯娜,曾建勋. 叙词表微观结构的描述与评价:EI叙词表与中文叙词表的对比分析[J]. 图书情报工作,2009, 53(8): 12-16.

大规模的主题词表协同编制即便在当前技术环境下依然是一个很大的挑战。新型《汉表》编制采用了先分散后集中的方法：先分领域编制专业表，再逐步集成、融合为综合表。虽然主题词表编制技术相对成熟，有可参照的技术标准，但多表融合仍是一个有待研究和实践的领域。各专业表覆盖的学科领域既有不同又有交叉，概念体系有详有略，揭示概念关联的角度、表达概念的用词等方面各有不同，当这些概念体系集成到一起后，可能产生概念界定不一致，概念间关系矛盾冲突、相互纠结的问题。各种逻辑问题互相牵扯、互为因果，加上多人协同工作模式的复杂性，致使知识体系的梳理极为困难。因此，技术路线对多表融合流程的支持和控制显得尤为重要。

构建新型《汉表》需要以自然语言词汇为基本单元，以概念为核心，实现词汇术语的整合。在充分利用科技文献数据库多年建设的成果，借鉴传统汉语主题词表语义关系的同时，开发概念关系构建工具，通过大规模语义计算展现概念间的共现语义关系，并联合专业人员进行主题概念的遴选、概念关系的构建审核，进行语义关联，并在统一的范畴体系下，对概念进行范畴归类，构建以概念为核心的"概念关系网络"，建设高度整合的新型《汉表》。新型《汉表》编制的技术路线是调研和采集已有知识组织体系及其相关元数据集，与从文献数据库中抽取的关键词和用户检索词等一起构成来源素材；通过词形规范、词义规范等遴选规范形成概念；在借鉴综合性词表和专业词表概念语义关系的基础上，借助词共现，建立概念间相关属性关系；同时，建立涵盖全学科的范畴体系，并对概念进行相应范畴体系归类，最终形成新型《汉表》，其总的技术框架如图2-1所示。

2.6 《汉语主题词表》编制方案

《汉表》的编制为人工密集、知识密集、建设周期长的基础科研项目，组织与人员管理是完成本项目非常重要的环节，只有有效地设置和细化各环节的人员和职责，才能保证整个任务按计划有条不紊地实施，直到最后的完成。

2.6.1 整体实施路线

项目整体的实施路线包括项目团队建设，课题组人员组成与分工，学科分类范畴的分析与制定，相关领域术语资源的获取和整合，主题词表编制软件开发应用，范畴类目映射，主题词表归并技术研究与实现，使用已开发的词表编制软件将已经具备的资源进行归并，归并以后再按照二级类目将词表词汇落实

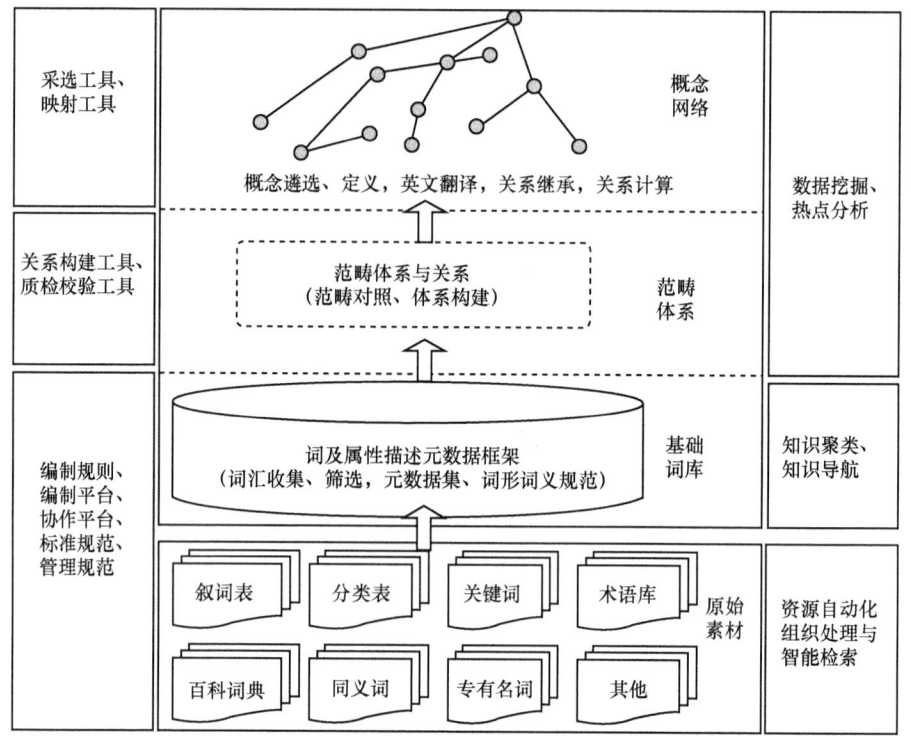

图 2-1 新型《汉表》的技术框架

到各合作单位,在同一平台上分别丰富和调整不同专业范畴的词及词间关系,通过逻辑检查排除各类错误,整合为完整的新型《汉表》。之后再组织专业人员,将所有的概念词汇与《资料法》的类目进行对应,实现主题分类一体化功能,如图 2-2 所示。

项目研究工作是本项目的核心内容,包括制订项目工作方案、起草项目技术方案和工作规范、专业技术工作方法培训等内容,具体分项目研究工作、文档形成工作、培训工作、审核督导工作。

研究工作主要职责为制定工作方案和技术路线,确定工作如何进行划分与协同,也需要进行整个项目的人员安排与协调,整个项目任务、人力、财力和物力的安排和调度,根据项目任务的总体安排,分解和细化各阶段任务,安排和调度各类人员完成相应的任务,撰写各阶段所需完成任务的规范文档,并对分配的任务做详细的描述。制定项目完成标准和规范,如入口词比例、相关词比例、等级关系层次等具体指标,以及确定词表术语概念规模、根据项目需求变化调整工作任务等。

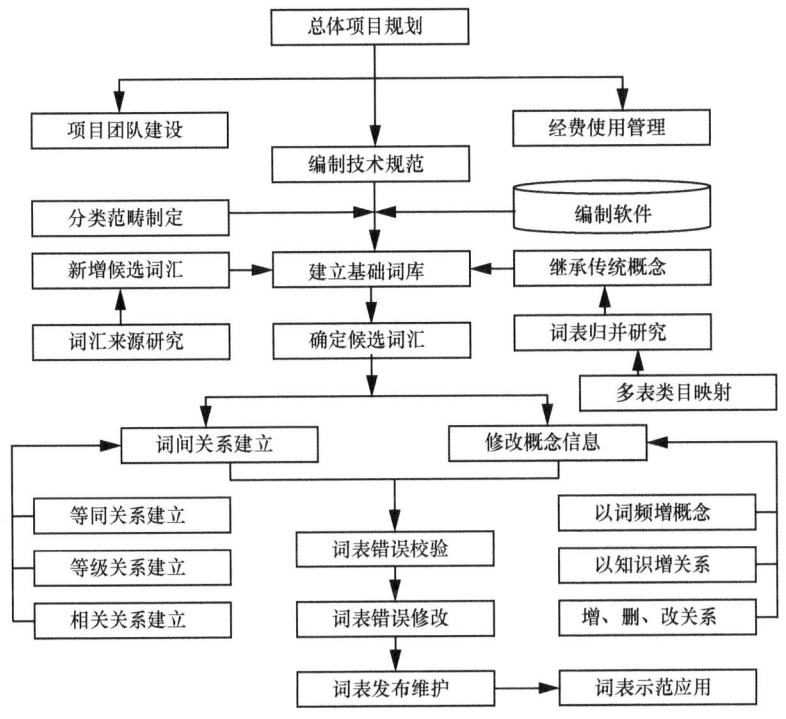

图 2-2　新型《汉表》的实施管理流程

文档形成工作的主要职责是各类材料的撰写和成文工作，主要负责主题词表编制项目的申请、总体方案的撰写，项目执行的总体安排，项目年度总结报告等所有项目已经决定事项的撰写与汇报，以及任务详细描述和项目执行过程中所遵循的相关规范文档的撰写等，基本职责是将项目研究讨论的内容落实和形成书面材料。基于其他项目研究人员对主题词表编制相关信息的反馈，撰写项目各阶段总结报告，并定期向上级汇报项目的进度、阶段性成果和存在的困难等。

培训工作的职责是对参加项目研究工作的人员进行主题词表知识、概念间关系知识，以及研究组决定所有规范、方法等的培训，保证参加人员按照统一的思路和标准开展工作。

审核督导工作的职责是审核分发数据的正确性及参加单位任务的完成情况、规范条例的执行情况、验收提交数据是否符合研究组制定的标准等。还需实时统计监督各阶段任务完成的情况，审核各阶段任务完成的质量，及时反馈任务监督和审核意见给数据编制人员和外联人员，方便编制人员及时调整完成任务过程中存在的问题，也便于外联人员准确地发放各类劳务费。

2.6.2 术语数据采集与处理工作

主要包括新型《汉表》编制的各种词汇的收集、编制、整合和统计，完善词汇元数据的信息，整合各专业领域词表数据，以及新增词汇的收集、编制和整合。应配备数据编制人员，具体分工如下：负责各种数据的采集、规范化录入和编制，从已有工程各专业领域词表中收集词汇和所带的语义关系，从万方数据、维普等数据库和工程领域的百科全书、词典和术语标准中采集候选术语和语义关系，以及从其他来源采集各种词汇数据，提交采集的各种词汇数据。负责对提交的各种词汇实施数据分析、编制、统计和整合等处理，使之成为符合系统要求的规范化元数据，方便其他人员对词汇数据进行分类、归并和语义关系的构建。负责为各种数据采集方法、数据编制和整合思路、同义词识别方法等提供相应的指导性意见，提供资料协助研究人员撰写各种方法和思路的指导性文件，完成词汇数据的采集、编制、整合和统计等任务，对已编制的词汇数据进行及时审核并反馈意见，保证词汇数据的准确性和完备性。

2.6.3 系统开发管理与维护工作

主要工作为主题词表编制系统、发布与维护系统和应用系统的开发与管理，完成系统开发的各环节任务，从前期的需求调研到最后系统的测试应用，所有环节的任务都需系统开发与管理人员来完成。系统开发与管理人员负责各系统的前期需求调研，撰写系统需求报告，承担起系统开发人员与系统用户之间的桥梁作用。积极组织和参与系统的开发，与协作开发人员实时沟通系统开发过程中存在的各种问题与困难，协助协作人员撰写系统开发过程中的各类规范技术文档，以及指导用户对系统做全面的测试，保证系统的稳定性和易用性。总之，必须全程参与系统的开发过程，保证对系统有全面的了解，方便日后的使用和维护。负责对各系统平台的维护与升级，管理系统中的各类用户，设置不同权限给不同类型的用户，指导系统用户使用系统完成各类项目任务，定期备份词汇数据和详细日志，分析这些数据并及时发现异常数据，保证数据的安全性，对系统进行实时监控与管理，及时发现系统的各种异常编制操作和数据下载，采取有效措施制止各种非法操作，保障系统平台的正常运行和数据的安全。

2.6.4 多领域编制专家的组织管理

新型《汉表》在编制过程中，尽可能多地使用计算机自动化处理完成其中的任务，但以目前的技术手段，完全依靠计算机并不现实，还离不开经验丰富的编制专家的参与,特别是在一些关键环节上掌控新型《汉表》编制的质量,来保证整个编制过程的顺利进行。

新型《汉表》的编制需要图书馆学、情报学、信息技术3个领域的专家,以及新型《汉表》覆盖的各个学科领域的专家,因此,需要多方面的专家协作才能共同完成。情报学专家主要建立编表方案,组织相关人员具体实施和完成编表任务,严格把握基础词库建设、标准规范制定、平台功能需求、过程质量控制等环节;信息技术专家主要负责设计方案的实现和技术保障,对于具体的软件程序,可以选择购买、协作开发或自行开发;领域专家主要负责专业领域语义关系的建立与认定,保证覆盖完整的学科领域知识。鉴于新型《汉表》涉及科学技术多个学科领域,编表单位不可能具备所有这些专业领域专家,所以编表单位工作人员主要由情报学和信息技术人员组成,发挥尽可能大的作用,完成主体工作,领域专家只负责专业领域知识的认定,不进行初级搜词等基础工作。通过新型《汉表》的编制,保证扩展到新型《汉表》时人员、技术、标准的全面通用性和可扩展性,包括组织方式的通用性、信息技术的一致性等。

主题词表编制工作是一个集体协作的过程,作为包含多个学科领域的新型《汉表》,即使将计算机自动化发挥到最大限度,仍然需要大量编制专家的专业知识和协作,如专业术语的确定,以及专业范围内概念等同关系的查找与建立、相关关系的确立、等级关系的设定等。这些工作任务需要相应编制专家的协作,让他们能够保质保量地完成任务。项目必须有专业领域研究人员参与,但组织起来相对困难,需要通过组织机构协调去组织这些研究人员,如利用国家科技图书文献中心的成员单位,寻找相关的专业研究人员通过单位来参与研究项目,所以涉及组织管理、培训讨论、任务划分协调、经费执行等多种相关问题。

项目工作时间的统筹安排:通过研究方案的制订,确定相应的工作任务,对于时间纵向和横向维度为不同工作,设定专门的专业领域研究人员去完成。例如,从时间纵向维度来说,同一专业中,可以由相同的或不同的专业人员,按顺序完成词表不同阶段的工作,如依次为完成选词工作、等同关系的制定、等级关系的制定、相关关系的制定、去重及审校等;在横向维度上,可以设计工程技术不同专业横向全面铺开,各专业同时进行,这样做能够加快编制进度。

项目人员工作的专一性:基本理念是同一批人尽量完成同样的工作,通过多次重复提高完成任务的速度,同时提高工作质量。选择相关专业领域科研机构或大学,选择合适的科研人员,通过课题合作形式,根据任务多少一次性拨款,限定工作量、质量和完成时间。工作任务如工程技术的选词工作,基于谷歌和万方数据、维普、CNKI等挑选专业术语及确定语义关系工作,语义关系的建立方法等，均可以通过这种方式完成。

2.6.5 编制维护中的质量控制

对《汉表》编制过程中的质量控制，从编制规则和编制过程的各个阶段入手，依照编制规则，尽可能减少编制错误和冲突的产生，在编制过程的各个阶段采取相应措施及时发现错误和冲突并进行纠正。

制定《汉表》编制规则时，对各技术环节质量控制标准进行明确说明。例如，对词汇筛选、优选词选定原则进行明确说明，对等同关系、等级关系、相关关系的语义限定和逻辑限定条件进行明确说明，等等。依托《汉表》编制平台，对可能产生的逻辑问题进行自动控制，如对等级关系的冗余和循环，相关关系的错位相参、关系矛盾冲突、反参关系缺失、范畴分类相互包含等逻辑问题进行控制。编制平台自动对编制结果进行统计分析，出具统计分析报告及问题清单，各编制单位能随时了解各项指标达成情况和存在问题并进行改进。

首先，在各专业领域词表编制过程中，编审工作组组织专家对《汉表》编制进行质量控制。专家在审核平台上随时调看各单位编制术语的知识片段，反馈问题及修改意见，各单位编表人员能实时获取专家意见并进行修改。在编表特定阶段，编审工作组随机抽取词表编制结果进行质检，出具质检报告，反馈各参编单位，督促修改存在的问题。

其次，在各专业领域词表分编工作基本结束后，组织各编制单位进行自检。对每条术语的分类、英文/拉丁文、等同关系、等级关系、相关关系、注释逐一进行检查，然后组织项目组专家进行抽检，出具质检报告，督促改进。

再次，各编制单位自检工作完成后，组织项目专家组和各编制单位进行总审。对编表过程中的同义词分散问题、术语歧义问题进行检测和控制；补充跨学科参照关系；进行总体平衡与整合优化，即控制术语概念专指度，对各学科概念分布进行总体平衡，对各学科构建的相似、相关词族进行对比分析，从利于知识表达和应用的角度对词族进行整合优化，对知识结构进行合理布局。

最后，总审工作结束后，按出版格式输出《汉表》，送出版社编审。在编审阶段，配合出版社进行检查和修改，并在编制平台上同步更新。

2.6.6 研究论证与人员培训

信息组织知识领域的发展日新月异，需要积极参加信息组织领域的学术研讨会，从不同角度丰富和扩展网络信息时代主题词表编制的方法和技术，甚至包括编制理念的更新和发展，同时开阔眼界和思路。

组织与筹办主题词表相关的学术研究培训：随着项目进行的不同阶段，将会出现比项目论证更加丰富多样的情况，需要及时进行讨论和论证，提出解决方案，而且针对不同专业，也存在多方面的论证和讨论，包括审词、建立语义关系等多个方面，也需及时调整和促进项目的完善和执行。具体会议时间由项目进展决定，组织方式为随需求随时召集、随时讨论。对参加项目研究工作的研究生及初级人员，首先集中进行主题词表相关知识的培训和演示，在对主题词表有客观全面的认识之后，方可开展实际的编制工作。

第3章

《汉语主题词表》协同编制系统

随着网络技术的成熟和飞速发展,在开放的网络环境下,主题词表作为传统知识组织工具,不断向数字化、网络化、可视化方向发展。主题词表的编制和应用环境发生了巨大的变化,编制方式已向网络在线协作完成发展,选词和语义关系的建立有海量数据支撑,使用方式从纸质版本的人工使用时代向网络版本的机器使用时代发展,主体用户从专业的标引检索人员向普通读者或机器后台转变。这些变化需要不断研究和探索网络时代的主题词表编制方法[①]。当前主题词表的编制方式逐渐自动化,从以往以人工方式为主转变为在统一编制平台上的多任务协作编制,即可在网络环境下多用户同时进行主题词表的动态编制和维护,大大减轻了编表人员的劳动强度,提高了各种操作的速度和准确性,缩短了编表时间,提高了主题词表修订或维护工作的效率[②]。

3.1 协同编制的必要性

网络信息的爆炸式增长使用户对于基于Web的不同信息的需求随之增长,越来越多的主题词表成为信息检索系统的一部分,旨在提高检全检准率,满足用户不同层次的检索需求[③]。为了适应信息资源管理向知识资源管理进化的趋势,信息组织系统也不断地发生变革,促进信息向知识的转化,实现知识的获取和利用,推动知识创新[④]。从主题词表编制的最新进展来看,其编制对象都得到了不同程度的扩展,如分类体系[⑤]、知识分类和本体等[⑥],开始涵盖其他类型的

---

① 赵捷,曾建勋,吴雯娜. 网络环境下叙词表协同编制系统的构建[J]. 图书情报工作, 2011, 55(22): 6-10.
② 刘伟,周杰. 网络环境下叙词表编制系统中的并发机制探讨[J]. 图书情报工作, 2011, 55(22): 11-14.
③ 贺德方. 加强网络时代叙词表的研究[J]. 图书情报工作, 2009(8): 7.
④ 王知津. 知识组织理论与方法[M]. 北京:知识产权出版社, 2009.
⑤ 张琪玉. 网络信息检索工具的热门类目[J]. 图书馆杂志, 2002(8): 28-29.
⑥ 常春. Ontology在农业信息管理中的构建和转化[D]. 北京: 中国农业科学研究院, 2004.

知识组织体系，不同类型的词表相互渗透和包容，词表之间的界限变得模糊。例如，美国主题词表标准涵盖了列表、同义词环和知识分类等受控词表①，英国主题词表规则涵盖了分类体系、知识分类、本体、主题标题表等多个结构化词表②。众多研究者在不同程度上对《汉表》的协同编制问题进行了探讨，但其完善还依赖于数据交换、词表映射和互操作实践的发展。以往主题词表的编制重点放在规范主题词表编制的标准化上。网络环境下的《汉表》所要解决的关键问题则是在不同系统、不同标准下面向不同用户的词表协同编制与互操作问题，旨在满足用户对多种类型信息资源无障碍检索的需求。因此，在网络化、数字化环境下，进行主题词表的协同编制，实现不同系统、不同用户对主题词表系统的互操作已成为主题词表编制的发展趋势。因此，要求通过主题词表的协同编制建立知识组织体系，将互联网和信息机构内部网的大量信息通过统一的规范和语义关系关联起来，实现不同类型词表的互通互联及信息检索等服务上的互操作。

信息技术、网络技术的发展，为《汉表》协同编制提供了可能性：从编制时间看，通过协同编制，可以加快编制速度，适应网络时代信息组织与信息检索的发展；从地理空间看，通过网络环境下的协同编制，可以实现不同地理区域内的领域专家异地完成同一知识组织体系的构建，这在手工编表时代是不可想象的；通过《汉表》的协同编制，可以不受时空限制，实现知识组织体系的快速构建。

传统的主题词表编制速度缓慢，无法及时收录和补充覆盖各学科领域的新词汇，因此，需要改变单一、独立封闭的主题词表编制体系，将各个学科领域的专业人员、用户纳入编制系统中，实现《汉表》编制的协同操作。网络环境下《汉表》的协同编制系统构建涉及3个层面：①数据交换，《汉表》的协同编制首先要实现不同主题词表及其他应用系统之间的数据交换；②跨语种的主题词表映射，跨语言检索要求不同语种的主题词表间实现一定规范格式下的相互映射；③主题词表系统间的互操作，为方便用户对多个系统、数据库或网站进行一站式检索，不同类型的词表或知识组织工具之间要实现互操作。协同编制系统的基本功能③如下。

在网络环境下，《汉表》编制将实现利用海量的数字信息资源，通过计算机抽取相关的专业术语和语义关系，通过领域专家的人工辅助干预，构建适应现

---
① NISO. Guidelines for thesaurus structure,construction and use: ANSI/NISO Z39.19-1974[S/OL]. [2011-06-01]. http://www.niso.org/home.
② 刘华,曾建勋,沈玉兰. 网络环境下叙词表编制标准的国际发展趋势[J]. 情报杂志,2009(11): 41-45.
③ 赵捷,曾建勋,吴雯娜. 网络环境下叙词表协同编制系统的构建[J]. 图书情报工作,2011, 55(22): 6-10.

代网络信息资源特点和各类用户需求的《汉表》。在功能上，为实现以上目标，对《汉表》编制系统主要有以下几个方面的要求：①灵活的扩展能力。系统管理员可以根据自身所需《汉表》的特点，灵活配置《汉表》的基本单元（概念）属性，而无须要求软件提供商进行客户化的开发，并且系统管理员可以根据其需求授予不同编辑人员或编制用户不同的操作权限，既保证系统操作的规范性，又能使《汉表》协同编制灵活开展。②基于Web的应用程序架构。通过Web实现不同类型、不同地域编制用户的协同工作，通过《汉表》开放编制平台进行符合自身需求的《汉表》编制，使得共同编制《汉表》成为可能。③支持建立多语言的主题词表。除中文外，建立同时由多种其他语言数据构成的主题词表，包括英、法、德、日、韩等主要语言。④完善的主题词表编制功能。除建立增、删、改主题词表中的概念等基本功能外，系统还应支持移动子树、调整狭义概念顺序、查找替换、导入导出数据、生成各类报表等高级功能。⑤全面的搜索功能。系统在支持各种主流关系数据库，如 Oracle、MS SQL Server、My SQL 等基础上，应通过各种检索方法满足不同层次用户的检索需求，以确保编制用户能够快速地找到所需信息。

3.2 协同编制系统的构建 ①

3.2.1 协同编制系统架构与运作流程

《汉表》的协同编制包括从主题词表的数据导入到同义词的归并、网络在线协同建立语义关系、词表校验和词表输出等一系列工作流程所需的各种功能模块。网络环境下《汉表》协同编制系统架构如图3-1所示。

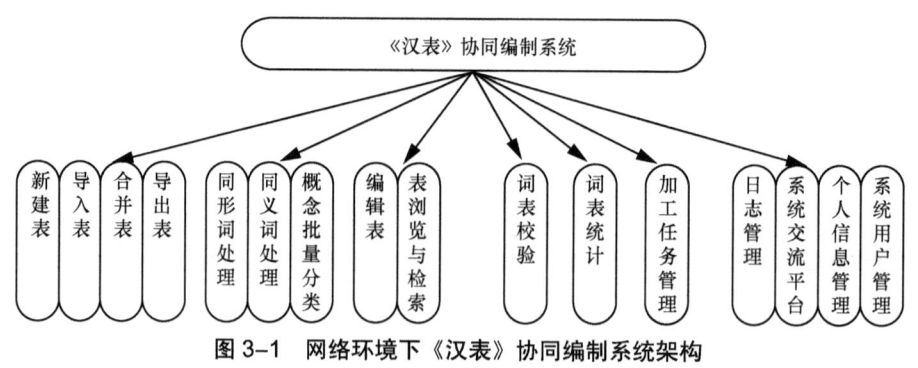

图3-1 网络环境下《汉表》协同编制系统架构

---

① 赵捷，曾建勋，吴雯娜. 网络环境下叙词表协同编制系统的构建[J]. 图书情报工作, 2011, 55(22): 6-10.

《汉表》的协同编制旨在实现网络环境下多人分工协作流程化的《汉表》编制。根据《汉表》建立的原则，系统按照以下流程进行构建：表的建立与数据导入，同形词、同义词的处理，词表校验及任务管理，如图3-2所示。

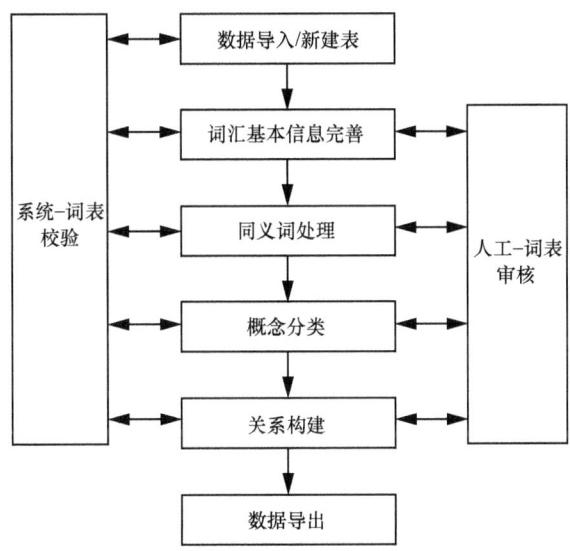

图3-2 《汉表》协同编制系统运作流程

3.2.2 各子表的建立

根据《汉表》的编制方式，系统采用以下标准，即主题词表包含一个主表和一个范畴表，另包含一个或多个附表，也可能是唯一的分面属性表。主表的结构包含两种方式，可以选择标准主表结构，也可以在标准主表结构的基础上进行扩展，自定义主表结构。系统将两种方式相结合，并建立与之对应的范畴表。

（1）标准主表结构的确立

标准主表包括以下字段词汇描述项：款目词、汉语拼音、语种、英文译称、定义、范畴号、备注；其概念间关系类型包括用、代、属、分、参、族、用和、组代，如表3-1所示。

表3-1 标准主表中概念间的关系

序号	关系类型	代码（GB）	代码（ISO）	逆关系
1	用	Y	USE	代
2	代	D	UF	用
3	属	S	BT	分

续表

序号	关系类型	代码（GB）	代码（ISO）	逆关系
4	分	F	NT	属
5	参	C	RT	参
6	族	Z	TT	—
7	用和	Y+	USE+	组代
8	组代	D+	UF+	用和

（2）自定义主表结构

系统在标准表结构中已有词汇描述信息的基础上，可对数据进行描述项的增加，但新增的描述项旨在记录描述性信息，而不记录关联性（与其他表的字段关联）信息。同时，在"用、代、属、分、参"5类关系下进行扩展，以增加新的关系类型。

（3）建立相应的范畴表

根据主表的结构和所录数据情况，对概念进行范畴定义，建立范畴表。通过唯一的范畴ID标识范畴，利用代码记录范畴在层级体系中的位置，并为每一个范畴表添加相应的范畴号和范畴名。

（4）完善主题词表的描述信息

在给主表命名的同时，完善有关表的描述信息，如图3-3所示。

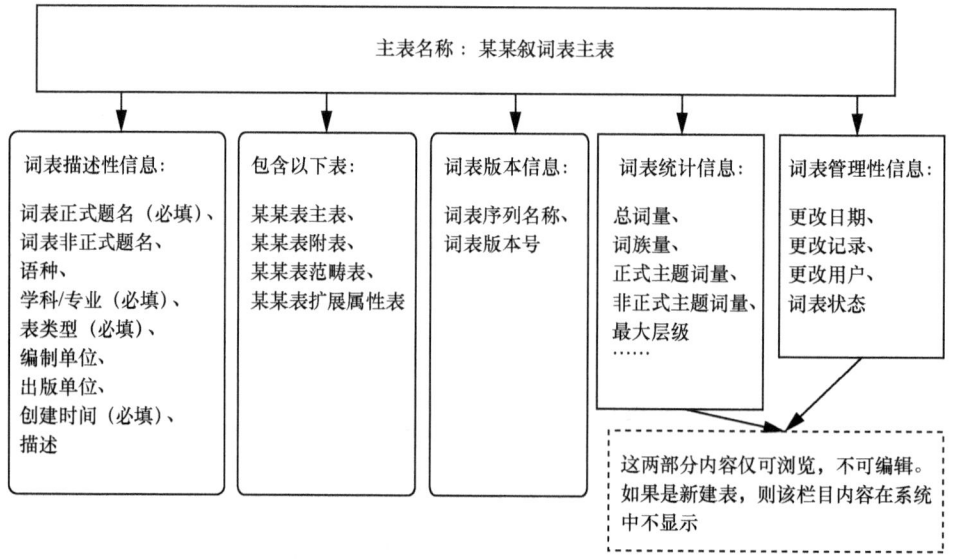

图3-3 《汉表》描述信息

（5）建立《汉表》对应的附表和分面属性表

附表是从主表中分离出来的专用词汇表，是《汉表》的重要组成部分。可在主表的基础上，在《汉表》中增加附表，其结构选择与主表结构相同。为了进一步说明主题概念归类的依据，规范《汉表》的使用，系统在《汉表》体系中增加了分面属性表，用来表达《汉表》概念的分面属性及其之间的层级关系，其结构类似于范畴表结构。

3.2.3 子表数据的导入

《汉表》的导入主要包括主表、范畴表、附表、分面属性表（现有的主题词表一般不具备）的导入，可导入一个完整的子表，也可在已导入的子表中批量追加外部数据：①选择导入的表及导入表的格式，如 Excel、SKOS、MARC 等格式；②选择导入目标表的结构，系统默认为标准表结构，若不满足要求，编制用户可自定义表结构，并导入外部数据；③将来源表与目标表结构匹配，确定需要导入的字段；④导入表数据，系统可提示和自动处理导入过程中的逻辑错误。

在来源表导入的过程中，最重要的一步是目标表与来源表的合并，包括主表、附表及范畴表的合并。系统在选择目标表主表的基础上选择来源表及所需合并的数据范围，将目标表与来源表结构进行对比，确定来源表中可合并的字段；对来源表数据按照特定要求进行筛选，筛选维度按拼音首字母、范畴、词族、关系类型、层级、分面、词勾选，可同时考虑多个筛选维度，如图3-4所示。

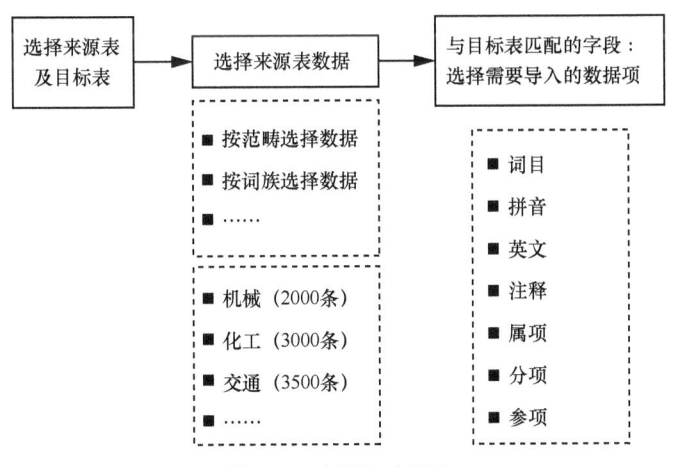

图 3-4 主题词表导入

3.2.4 《汉表》数据的处理

来源于多表的数据合并后，可能存在词形相同却表示不同概念的可能性，需要经过同形词处理，其目的是判断词形相同的词是否为同一概念。如果为同一概念，则将词汇信息进行合并；如果为不同概念，则要进行相应的区分。绝大部分的同形词表达的是同一概念，只有极少的同形词会有歧义。为了将工作量控制在一定的范围，系统采取如下方式处理：同一范畴内的同形词默认为同一概念，系统自动将词汇信息合并，只对不同范畴内的同形词进行人工判断。

系统首先选择处理的数据范围，对同一范畴的同形词进行归并，并对不同范畴的词汇进行查重处理，然后对同形同义词进行合并，对同形异义词进行区分。在同义词的处理上，辅助人工进行同义词（异形同义词）的识别：①系统在选择的数据范围内，自动识别出可能的同义词并列出；②人工判断同义词，并对同义词进行概念层面的处理。

为了保证术语间关系的准确性，系统提供了便捷的词表维护和自动校验功能，对术语的关系、属性数据进行完整性和一致性等逻辑校验，对校验出的逻辑错误及详细信息提供浏览显示，并对相应错误进行修改。

3.2.5 《汉表》协同编制系统前台设计

系统前台包含了主题词表编制所需的各类主体功能，即词汇显示、功能选择、词汇检索、主体窗口、词汇编辑和日志浏览：①从不同角度显示词表的编制，即词族、范畴、字顺和词汇检索结果展示4种方式；②数据导入、数据导出、词表校验、数据统计、词表输出、任务列表、编制用户管理等词表编制的主要功能模块纳入功能选择区；③前台提供了用户以不同模式进行主题词的检索，包括前方一致、部分一致、后方一致、组配检索、范畴检索和序号检索模式；④为编制用户提供不同功能模块下的数据操作及相关信息，并显示在主体窗口中；⑤编制用户在词汇编辑区可选择自己领域内的词汇进行权限内的增、删、改等基本操作；⑥在日志浏览区，可以查看记录的编制用户对词汇所做的各种操作日志，便于系统管理员管理系统中的词汇。《汉表》协同编制系统前台如图3-5所示。

《汉表》协同编制系统不仅包含编制用户在编制过程中所用到的数据导入导出、词汇增删改等常用功能，而且包含编制用户在编制不同词汇过程中所需的特定功能，只有这样，才能很好地支持编制用户对主题词表的编制，最终编制出一部完整、高质量、满足用户需求的网络化《汉表》。

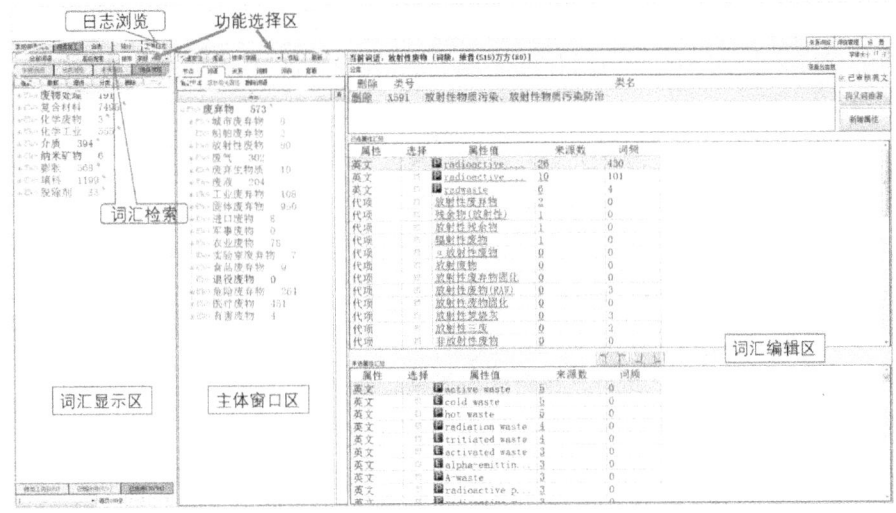

图 3-5　《汉表》协同编制系统前台

《汉表》协同编制系统基本上分模块实现了《汉表》协同编制的不同功能，不同编制用户可以在局域网上在线进行词汇资源的基本管理、选词与词汇分类、同义词归并、等级关系的建立、相关关系的建立、基本逻辑错误检查与辅助修改、主题词表数据的导入与导出等基本操作。经过十几家工业技术各领域信息机构协作单位的共同测试，基本功能运行平稳，为《汉表》的协同修订与编制奠定了坚实的基础。

3.3　协同编制系统的运作机制

《汉表》在网络环境下的协同编制是随着网络技术的发展而进行的革新。例如，Web 2.0 技术的成熟与应用，为《汉表》协同编制提供了新的发展机制。《汉表》联机操作是《汉表》在网络环境下应用的主要形式之一[1]，具有兼容化和集成化的发展趋势，因此，在《汉表》的编制上要求建立与之相适应的协同机制，满足不同《汉表》之间的协同操作和不同层次编制用户对词表的联机编制需求，包括任务分配与编制用户权限的划分、任务审核及故障预警和冲突解决机制。

（1）任务分配与用户权限划分机制

编制用户的系统操作权限与其所分配任务密不可分，系统按学科领域以词

---

[1] 司莉. 叙词表在网络信息组织中应用的调查分析及其优化[J]. 图书馆论坛, 2007(6): 183-186.

汇或概念为基本单位对数据集编制任务进行划分，分配给不同学科领域编制用户进行编制。因此，在任务操作的过程中，不同层次的编制用户具有不同的任务权限。

系统首先根据单位编制用户的学科特点对编制任务进行一级分配，单位编制用户再根据本单位编制人员的实际情况对任务进行二级分配。首先，编制用户只能够对自己任务范围内的数据进行编辑，而对于其他任务范围的数据只能浏览。其次，在关系构建阶段，考虑到概念间的相互参照，编制用户可在任务范围内数据与范围外数据间建立参照，但不能在范围外的数据间构建关系。由于词汇和概念可能属于多个学科领域，因此，任务划分允许有重复。最后，对于重复部分的数据，多个编制用户对其都有操作的权限；但是在同一时间，只能有一个编制用户对同一条词汇或概念进行编辑，并且以时间先后为优先依据，因此，一旦编制用户对词汇或概念进行编辑操作，该词汇或概念即被锁定，包括词汇或概念的基本信息、概念参照项的基本信息。

（2）审核机制

首先，个人编制任务权限的有效时间小于其所属单位编制用户权限的有效时间，并且个人编制用户任务完成后提交给所属单位编制用户，数据编制状态更改为"初审"，原个人编制用户不能再对已提交的数据进行编辑。其次，单位编制用户/初审编制用户对本单位的编制任务进行初审，如初审不合格，可将编制任务驳回或再次分配，编制任务驳回或再次分配后，个人编制用户重新拥有编辑权限。最后，初审合格后提交到复审编制用户，复审编制用户对所有单位编制用户的编制任务进行复审，如不合格，将编制任务驳回单位编制用户或重新进行任务分配。

（3）冲突发现与解决机制

系统建立了一套完善的危险预警和冲突解决机制，能够及时发现主题词表协同编制过程中的错误、违规操作和冲突，并根据危险和冲突程度予以相应的解决处理。首先，定义和界定"危险操作"，包括新增词、删除词、修改词、多个编制用户多次修改同一数据超过3次，即对同一词汇/概念/概念间关系，如果出现多个编制用户反复做相同的修改超过3次，则将该词汇/概念/概念间关系的编辑升级为"危险操作"，或者编制用户对自己某项操作标记为"危险操作"；然后，被标记为"危险操作"的操作将直接上报到审核编制用户，原有编制用户对该数据的编辑权限被收回，由审核编制用户对该词进行判断和进一步操作。如果冲突发生在一个单位范围内，则将"危险操作"上报到单位编制用户/初审编制用户，个人编制用户的权限将被收回；如果冲突发生在多个单位间，则将"危险操作"上报到复审编制用户，收回单位编制用户和个人编制用户对该数据的编辑权限。

（4）数据锁定机制

多表融合中，有的操作对象是词汇，有的是概念，有的是关系；有的操作在一个词族中进行，有的是跨词族进行。在多人协同编制模式下，多表融合系统要依据操作类型确定数据对象的最佳锁定范围，尽量避免对同一数据对象的并发操作，并保证有较高的工作效率。

如果采用了基于概念的描述方式，则将概念作为最小锁定单位。概念锁定意味着概念对应词群中所有词汇都被锁定。当操作对象不包括关系时，锁定相对简单，只需锁定当前需要编制的概念即可。概念增删、范畴增删、词群元素增删、概念优选词确定与更换都只需对当前概念进行锁定。如果操作对象包括关系，锁定相对复杂。编辑等级关系和相关关系时需要对当前概念及其直接关联的概念进行锁定。识别与处理关联概念时需要锁定候选的多个关联概念；解决逻辑问题时需要锁定问题涉及的多个概念，具体如表3-2所示。

表3-2 主题词表融合中各类操作的锁定范围

操作对象	操作类型	锁定范围
词汇	词形更改； 英文、注释的增、删、改	当前概念
概念	概念节点的增、删； 概念范畴的增、删； 概念词群元素的增、删； 概念优选词确定与更换	当前概念
概念、关系	等级关系、相关关系的增、删、改	当前概念及与其直接关联的概念
概念、关系	关联概念的识别与处理	候选的关联概念
概念、关系	逻辑问题的解决	逻辑问题涉及的概念

锁定方式与编制模式有关。等级关系编制一般有两种常用的工作模式。一种方式是表单模式，在表单中编辑关系，提交表单时进行逻辑检查。这种方式只需对当前概念及其直接关联的概念进行锁定，锁定范围小。但表单模式难以顾及整个词族语义结构的合理性，整体性较差，容易发生逻辑问题，编者负担较重。另一种方式是在多个概念间进行拖拽等操作，对每一步操作进行逻辑控制，在"可见"的状态下逐步形成树状等级结构。这种方式比较直观，整体性好，但需锁定词族中所有概念及其相关概念。对相关概念的锁定又会导致包含相关概念的词族被锁定，这样会波及过多的数据，导致工作效率降低。如果不锁定相关概

念又可能存在并发操作问题，具体的解决方案还需要进一步研究和实践。

（5）编制任务并发机制[①]

网络环境下《汉表》协同编制系统需要满足多用户异地同时编制的需求。这就要求在线主题词表编制系统能够及时正确地处理各类用户的不同操作。如果处理不当，则可能会导致主题词表中信息的访问或修改错误，也会造成系统性能的下降，影响访问效率。因此，需要并发控制来解决对主题词表多用户同时操作中可能会发生的冲突。当多个用户操作涉及词表中的信息存在重叠时，有些操作之间是可以并行的，但有些操作如果同时发生则可能引起用户访问信息的错误，这就需要保证不同用户的各种操作之间能够正确地并发执行。

在协同编制过程中，当某一时刻多个用户意图对同一概念进行编制时，会带来编制数据的丢失等问题，这就产生了协同编制上的操作冲突，因此，需要通过封锁的方法来保证某一时刻只能由一个用户对该概念进行编制。

引入封锁的目的在于消除前面提到的操作冲突问题。在主题词表服务系统中，一个用户执行的一个词表操作必须具有原子性，即该操作要么全部执行完，要么完全不被执行，不能存在部分执行的情况。一般情况下，对用户操作的调度都是采取先来先服务的策略，如果一个用户操作所访问的词表位置正在被其他用户操作访问，则该操作处于等待状态，直到所访问的位置解锁再继续执行。这样就会因资源封锁造成相互等待的问题[②]。

资源封锁引起的相互等待问题与数据库系统中死锁问题[③]类似，因此可以加以借鉴来解决相互等待问题。解决方法主要有两种：一是超时解除法，二是操作等待图法[④]。如果一个用户操作的等待时间超过了规定时间，就认为该操作与其他操作发生相互等待情况。该方法非常简单，但存在比较明显的不足：①可能把执行时间较长的用户操作误判为处于相互等待情况；②判定不够及时，只有超过规定时间后才开始判定，可能已经造成大量用户操作的阻塞。根据当前处于等待状态的用户操作建立操作等待图，检测操作等待图是否存在有向环，如果存在则选择处于环中的一个操作强制其释放封锁的资源，使环中其他操作得以继续执行。这种方法可以实时检测并解决相互等待问题，不足之处是需要额外维护一个动态的操作等待图，当有大量用户操作时，操作等待图的维护代价和有向环的检测代价较大。

---

① 刘伟, 周杰. 网络环境下叙词表编制系统中的并发机制探讨[J]. 图书情报工作, 2011, 55(22): 11-14.
② 王珊, 萨师煊. 数据库系统概论[M]. 北京: 高等教育出版社, 2007.
③ SILBERSCHATZ A, GALVIN P B, GAGNE G, et al. 操作系统概念[M]. 北京: 高等教育出版社, 2008.
④ KORTH H F. Deadlock freedom using edge locks[J]. ACM transactions on database systems, 1982, 7(4): 632-652.

第4章 《汉语主题词表》基础词库

随着信息技术的快速发展，网络信息资源急剧增长，网络词汇日新月异、丰富多样，传统主题词表的词汇已经不能完全满足现代用户的检索要求。因此，传统词表的收词方法向网络环境收词方式的转变势在必行。不对收词方法进行改革，不面向网络资源和网络用户，编制出来的主题词表就很难具有适应性和实用性。现阶段的主题词表收词也应该以机器作业为主，人工方法为辅，在继承原有词汇的基础上，借助计算机技术和网络技术，全面、快捷、低成本地收集更多的词汇，以满足主题词表编制和更新的需求[①]。新型《汉表》则是通过构建基础词库从多种不同的来源收集词汇，包括主题词表、专业词典、文献关键词、网络新词等，其已成为《汉表》的重要组成部分。

4.1 基础词库与《汉语主题词表》的关系

基础词库选词来源广泛，是《汉表》中术语遴选的素材，能够满足《汉表》所需的全部术语词汇。《汉表》在编制时，首先经过计算机自动处理，为编制人员遴选所需要的术语词汇，并提供该术语词汇相应的信息，因此，相比传统的编制方式，基础词库的建立不仅降低了人工成本，还大大提高了选词的效果。《汉表》的基本构成单位是概念术语，因此，收集所有可以收集的相关术语，建设成具有来源属性、分类属性、词频属性等术语信息的基础词库是构建《汉表》的前提条件。

《汉表》所包含的核心术语是有限的，为了提高其与用户语言的匹配效率，需要建立自然语言与规范语言之间的关联关系。基础词库词汇数量远大于《汉表》的叙词库术语数量，基础词库中的词汇是《汉表》中叙词库术语的母体，

---

① 鲍秀林,吴雯娜. 网络环境叙词表收词新来源刍议[J]. 图书情报工作, 2011, 55(14): 116-120.

语义关联密切。例如，基础词库中的词汇是《汉表》叙词库术语的近义词，即同一概念的其他表达方式；基础词库中的词汇概念粒度更细，表现为词汇构词中有着更多的限定，它们与《汉表》叙词库术语之间可以是隶属关系，即概念的下位词；基础词库中的词汇更为具体，是实例或专有名词，在《汉表》中一般不会大量收录，这类词与《汉表》概念之间是概念—实例的等同关系。除了同义关系外，基础词库中的词汇与《汉表》中概念可能还存在属分关系、参照关系、反义关系等关系类型，有必要对术语映射机制进行研究，确定一套规范化、形式化的映射关系表示方法。由于基础词库词汇量巨大，必须研究基础词与概念间自动映射方法，包括借助中间工具，即基于现有的科技词典和机读词典，对自然语言中的词汇进行语义元素分析，构造同义词、近义词、反义词、上下位词等主题词群，对自然语言词汇和主题词表中的概念进行语义相似度计算，映射到叙词库中，形成以核心概念作为优选词、以非核心概念作为非优选词的概念映射关系网络①。

4.2 基础词库词汇词源获取途径

自20世纪60年代以来，传统主题词表一直采用手工方式收词，主要来源有：传统主题词表和分类法资源、各类工具书、专业术语和专业词典、名词委审定词汇，以及检索刊物的主题索引或关键词索引等。这些方法都是手工环境编制主题词表的智慧结晶，在当时是行之有效的。网络环境下《汉表》编制和修订时，这些收词方法大多可以配合计算机操作（如词频统计等）继续使用。但是，当今网络信息资源急剧增长，网络词汇日新月异、丰富多样。除了传统词汇外，在网络上已经形成了由缩略语、汉语新词汇、数字代语与网络形语四部分组成的网络语言体系②。目前，基于关键词的网络信息组织和信息检索，由于计算机无法识别检索词的语义信息，在信息的查全和查准方面存在严重不足，传统主题词表的术语已经不能完全满足现代用户的检索要求。在网络和计算机技术迅速发展的今天，传统手工收词方式已经很难适应网络环境中主题词表的研制和利用，探索新的收词方法已经成为一项亟待进行的课题，传统词表的收词方式向网络环境收词方式的转变势在必行。

按照词汇的来源渠道，基础词库的词汇主要分为继承词汇来源和扩展词汇来源。继承词汇来源主要指现有的各种类型的传统主题词表、分类法、同义词

---

① 赖院根,吴雯娜.基于叙词表的概念语义相似度计算[J].图书情报工作,2009,53(8):21-24.
② 周日安.简论网络语言[J].语言科学,2003(4):95-100.

集、术语列表等,是规范化词汇和概念的重要来源。扩展词汇来源主要包括各专业数据库关键词、各类领域词典、专有名词术语、专业网站专业词汇、领域用户检索词、百科全书等。因此,除了将传统《汉表》中的10万多条词语作为基础词库的基本来源外,还需广泛调研国家编制的综合性词表和各学科领域的各类专业词表等知识组织体系,全面收集规范化的词汇和术语及其相关属性描述信息,同时从数据库和专业网站采集相关关键词等科技词汇,作为构建基础词库的原料和素材。

4.2.1 从文献关键词中筛选高频专业概念术语

一般情况下,文献的作者同时也是其他文献的读者,作者需要给出文献的关键词,读者在查找文献时也要使用关键词进行检索,所以,多数数据库使用关键词作为用户检索信息的一个重要途径。《汉表》进行了概念限定和词汇规范,在编制时,尽量选用与关键词一致的术语来表达学科领域的概念,甚至尽量使所有概念术语均来自关键词,只进行概念限定和区分概念关系,这样,只需要通过合适的途径,使用户受主题词表中概念的限定和知识结构的影响即可,而且用户自由使用的关键词多数已经被《汉表》的概念术语覆盖,所以《汉表》的概念术语应该尽量从用户关键词中选择。

目前的海量网络文献数据库语料已为从文献关键词中选择规范的术语用于《汉表》概念表达提供了完全的可能。例如,收藏各类论文的万方数据、维普及CNKI等,都可以提取大量的文献关键词,而且可以按学科专业、是否在标题或文摘等处同现等多种方式进行统计,通过关键词在总体文献库中的词频统计、关键词在专业文献库中的词频统计及各类共现数据统计,为规范专业术语的选择提供了科学依据,实现了术语来自关键词的可能。统计万方数据和维普数据库中期刊论文的关键词,经过去重后,整体数量有611万个,为规范术语的选择提供了海量语料数据。

4.2.2 从网络资源全文索引库中提取高频概念术语

从20世纪90年代起,互联网在世界范围内得到普及和推广,网络信息资源以指数级增加,以全文检索形成的关键词索引数据库,是搜索引擎的主要工作原理。提取能够反映数字资源数量和质量的索引词汇,选择可以表达概念的规范术语,也是获得《汉表》术语的一个重要途径,这些词汇可以通过用户的检索用词得以显示或抽取。

目前的计算机技术和网络技术,可以完全记录用户使用计算机获取信息过程的日志，通过统计用户检索日志中使用关键词的种类和频次，可以选择基于用户检索的规范术语，这种选词方式更加科学，因为用词直接来自用户使用的自由词。这些词汇可以通过与网络搜索引擎合作，直接使用检索日志中用户检索词汇的词频统计，当然也可以通过适当的经费补偿从搜索引擎公司获取这些数据。随着网络技术的不断发展，一些大的网络数据库，也在开发和增加网络日志方面的功能，这就意味着可以通过搜狗、百度这样的网络搜索引擎，也可以通过其他网络数据库的用户检索日志，获取用户检索用词的各类信息，进行词汇统计和术语规范，用于编制基于用户使用词汇的主题词表。

搜狗提供了用户检索用词与资源索引用词的同步协同显示功能，如图4-1所示。当用户在检索框中录入检索词"图书馆"时，搜狗列出了10个与"图书馆"前方一致的用户高频检索词。通常情况下，反映信息资源的高频检索词，直接为用户使用搜索用词提供了参考作用，甚至直接认同了系统提供的高频检索词汇。从这些词汇或短语中选择可以表达概念的术语，最接近用户使用的术语，或者是用户可以成功获取信息的术语。

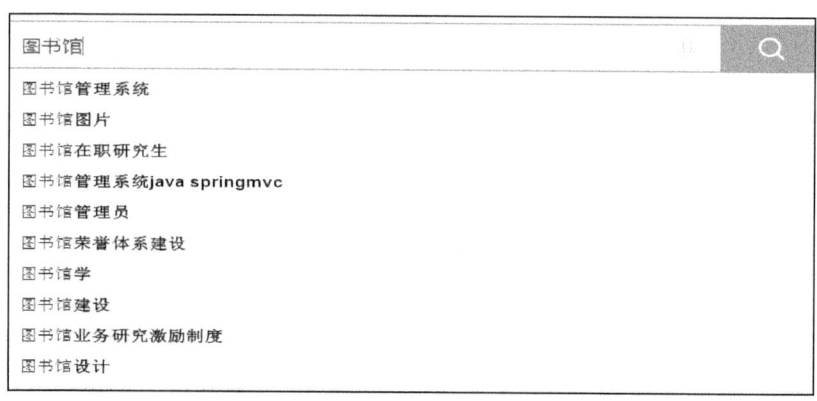

图4-1　搜狗索引库中与"图书馆"前方一致的用户高频检索词

4.2.3　最大限度地增加同义术语

等同关系是传统主题词表的一种重要关系，通过等同关系检索用户可以使用不同的入口词检索到相同的概念。《汉表》设立等同关系的一个重要目标就是增加信息检索的入口词，类似于目前情况下不同用户使用不同关键词的特点，但传统主题词表主要为人工使用，主题词表编制的一项重要工作就是控制表达概念的术语数量。也就是说，如果一个学科中的概念数量是基本固定的，则反映这些概念的术语数量也应该相对稳定，而且在数量上必须进行限定，方能适合人工使用，所以中等规模的主题词表，一般用词量为1000～10 000个[①]，而且非优选词一般占总词汇量的10%～20%。网络时代的主题词表主要为机器后台使用，不存在多少词汇规模的主题词表更合适的问题，重要的是，是否有足够的规范术语可以涵盖所有用户可能使用的关键词，这样的主题词表才更适合机器使用。

增加等同关系是增加《汉表》术语的一条重要途径。可以通过目前已经有学者探索出的计算机抽取同义词方法[②]，获得大量专业范围内的同义词或近义词，在领域专家的参与下，将其中相对规范的词汇或短语，按照词频和反映数字资源的能力大小，尽量增加表达同一概念的术语数量。这样，网络环境下《汉表》的非优选词或入口词的比例可以达到50%或更多，具体多大比例取决于发现多少可以表达相同概念的同义词。EI主题词表2006年经过修订，已经是第5版，入口词比例达到30%以上[③]，可见，增加入口词将是主题词表在网络时代的发展趋势之一。

4.2.4　从互联网中获取词汇

在网络信息环境下，拥有海量的语料和丰富的词汇来源，如网络数据库中的关键词和网络百科资源，基于用户参与的"Folksonomy"（大众分类网站）的标注词（Tagging）[④]，还有像谷歌、百度这类搜索引擎为方便用户检索提供的扩展词，另外就是近年来互联网上出现的热点词汇，以及伴随输入法出现的联网检字法词库等。

在已知网络词汇来源的基础上，利用技术人员编制的软件，可以有针对性地展开词汇收集工作，以用于《汉表》的编制和修订，其基本流程如图4-2所示。

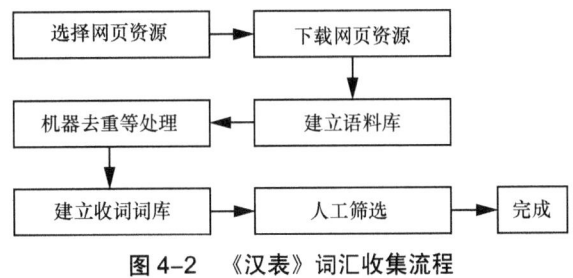

图4-2　《汉表》词汇收集流程

---

① 侯汉清. 网络时代的情报检索语言：进展及热点[EB/OL]. (2009-03-30)[2010-06-25]. http://www.dlresearch.cn/download/beida60/hhq3.ppt.
② 刘华梅，侯汉清. 基于情报检索的汉语同义词识别初探[J]. 情报理论与实践, 2005, 28(4): 373-375.
③ The EI thesaurus[Z]. 5th Edition. Elsevier Inc, 2006.
④ 马张华，侯汉清，薛春香. 文献分类法主题法导论(修订版)[M]. 北京:北京图书馆出版社, 2009: 366-367.

（1）网络数据库中的关键词

网络词汇的第一来源就是使用万方数据、维普、CNKI等网络文献数据库，获取期刊论文和学位论文的关键词资源。近年来不少主题词表或主题词词库就是利用网络数据库中的关键词来扩充的。网络数据库中的关键词是由专业人员或作者标引，能够表达文献主题概念的主题词，其标引质量比较高。收词方法是用编制好的下载软件提取全部关键词，经过去重，同时考虑通用词和专业词词频等信息，对词汇进行机器和人工选择，获取相应的词条，纳入语料库。另外，还可以对论文和参考文献题目做切词处理，抽取得到一部分词汇。

网络数据库论文关键词的优点是比较成熟和定型，词汇准确性高，但其内容更新速度慢，难以涵盖新生的词汇，网络上的新词、热词难以得到及时反映，不过这与在后文述及的网站热点词收词方法可以作为互补。

（2）联网检字法词库

一款输入法的强弱主要由其自带词库的强弱来决定，其在用户打字输入的词汇基础上实时更新。这一点上，搜狗输入法融合了搜索引擎技术，使网络新词等可以即时在线更新至固有词库，从而实现了词库的无限扩充，这也就是后来业界所定义的"网络化输入法"[①]。而后，谷歌输入法、QQ拼音等纷纷效仿，类似谷歌输入法词库、QQ分类法词库、火星输入法词库、百度手机输入法词库等众多联网检字法词库相继出现。

其中，细胞词库就是搜狗首创的、开放共享、可在线升级的细分化词库的功能名称[②]，其意义是满足用户的个性化输入需求。在搜狗词库里，凡是新出现的名词术语、人名、机构名、文献名、事件名、影视作品名等，一旦成为人们常用的词汇，搜狗就会收入细胞词库，其收词范围如表4-1所示。

表4-1　搜狗细胞词库分类目录（截至2010年9月15日9时15分）

分类目录	城市信息大全	自然科学	人文科学	社会科学	工程与应用科学	农林渔畜	医学	艺术	电子游戏	运动休闲	生活	娱乐
细胞词库数/个	1160	167	434	225	329	31	127	73	773	84	120	328

搜狗细胞词库具有新、使用频率较高、分布广、词汇主要来自网络及用户的使用日志几个特点。这几个特点正符合编制修订主题词表收词的要求，因此，这些细胞词库成为主题词表候选词的重要来源。当然，其不足之处也显而

---

① IUY. 拼音输入法词库广度及选词精度全测试[J]. 网络与信息,2009(10):10-11.
② 百度百科. 细胞词库[EB/OL]. [2010-09-15]. http://baike.baidu.com/view/983262.htm.

易见，主要表现在：由于建库的目的主要是用于录入，所以词库的词汇较为通俗，学科专业性较差，网络热词较多，很大比例的词汇不符合编制主题词表的需要，如"当前位置""月国内""同比增加""目前国内"等词；另外，由于使用Wiki方式，根据用户使用日志获取词汇，错误率较高，质量难以得到保证。

（3）网络热词

网络热词具有浓郁的网络"微文化"的特征，也成为正在蓬勃发展的网络文化中最具代表性和生命力的表现形式之一[①]。网络热词是基于用户搜索的产物，是近期网络流行新闻、影视、大众生活等的及时反映，往往是一些检索热点，属于检索频率较高的词汇。

大多数门户网站都有自己的热搜榜，如百度的搜索风云榜、搜狐的热搜榜、酷6网的视频排行榜、口碑生活的热卖榜等。通过热搜提示，将搜索引擎和搜索对象打包，直接推送到用户面前，给用户推荐参考。

网络热词时效性强、更新频率快、表现形式丰富多样，而主题词表需要收集的是能反映事物概念或特征等的新鲜词汇，像"囧""槑""3Q（thank you）""+U""PMP（拍马屁）""酱紫（这样子）""斑竹（版主）""幽香（邮箱）"等，这类网民专用的网络语言就不可用于词表收词。另外，网络热词大多数是关于新闻、人物、影视等文艺方面的词汇，它们对于社科类词表收词用处比较大，但对于自然科学类词表编制就没有太大意义。

（4）网络检索界面参项显示

目前，人们主要通过网络搜索获取信息，可以通过查看用户检索的痕迹，即查看人们检索时所用的检索用词（检索日志），收集用户经常使用的专业词汇。通过统计用户检索日志中使用关键词的种类和数量频次，可以直接获得基于用户检索的高频词汇。这种选词方式有很好的用户保障和文献保障，所以更为科学和实用。可以通过谷歌、百度等网络搜索引擎的用户检索日志，获取用户检索用词的各类信息，通过词汇统计和术语规范后，作为语料库的候选词汇[②]。

编制人员将一批已经收集到的基本词汇或主题词表原有的优选词和非优选词分别输入百度的用户检索框中，拷贝其自动弹出的用户检索记录统计结果，以及检索后出现在页面下方的参项汇。例如，在百度检索框中录入检索词"语

---

① 张意轩，王瑶. 网络"微文化"凸现："智愿者"的网络"锐词"[N]. 人民日报，2010-06-01(新兴媒体版).
② 常春. 数字环境下叙词表的发展及应用展望[J]. 情报理论与实践，2009(12): 48 50.

义网",加空格键及检索之后,百度列出的与"语义网"前方一致及相关的用户高频检索词如图4-3和图4-4所示。

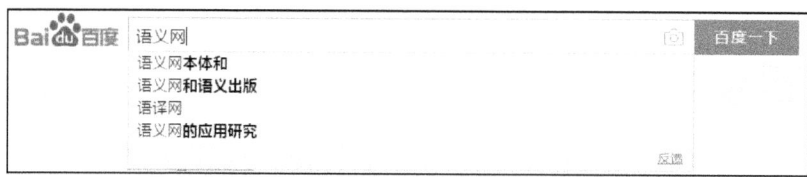

图4-3 百度"语义网"检索弹出词汇(截至2018年11月21日10时45分)

图4-4 百度"语义网"检索后相关搜索词汇(截至2018年11月21日10时46分)

通过这种方法可以获得大量的参项汇,这些词汇既可以增补新词扩充语料库,又可以对以后语义关系的建立起到一定的辅助作用。对比这两种显示的参项汇,相关搜索词汇更具收词价值,前方一致词汇次之。

(5)大众网站的标注词

传统的主题标引及元数据标注主要是由专业标引人员和作者本人完成的,而随着网络的发展,一大批大众标注网站(如del. icio. us、Fliekr、豆瓣、Yahoo!、My-Web2.0等)应运而生,一种基于网络用户,使用自然语言为对象的标注——网络社会化标注以其方便、低成本、高效率等优点正全面兴起和发展。在各网站特定服务范围内,网民可以根据自身习惯、喜好自由地选择词语作为关键词,对网页、图书、博客、音乐、电影、图片等进行标注,这些关键词称为标签,方便以后对这些资源进行管理、使用和检索。例如,豆瓣用户可以检索自己喜欢的图书,创建自己的图书收藏,为它们自由地添加图书标签。豆瓣上的图书标签都是广大用户自己创立的,这些标签是大众自发对网络上的图书信息进行标识和批注,进而实现信息共享。

大众标注是一种使用用户自由选择的关键词对网站内容进行协作分类的方式,其原理与文献标引相同,因此,大众标注词也可作为主题词表候选词纳入语料库。与传统主题标引相比,大众标注具有标注工序简单、标注者不受限制、可自由选词标注、标注词不受控制、能够直观组织信息和共享信息等优点。同时，它也存在着标签数量参差不齐、缺乏词形控制、标注错误或不当等缺点①，如《国史大纲》一书标注了"中国历史""通史"后（图4-5），再标注"历史""史学""中国"等词汇②，显然就是冗余、重叠，甚至是错误标引。标注词和网络热词的共同之处在于，它们能够解决传统主题标引存在的词汇更新慢、不能及时反映新学科和新技术等问题。但是，无论是网络热词还是标注词，它们主要反映的是网络用户所关注的文学艺术、影视作品、休闲娱乐等方面的内容，对社会、文艺、影视类主题词表的收词有一定的参考价值，但对于收集专业性较强的自然科学、工程技术类词汇作用显然较小，这是这种收词方法的明显缺陷。

图4-5 《国史大纲》标签示例（截至2018年11月21日10时47分）

（6）网络百科资源

网络百科全书也称百科在线（Encyclopedia Online），是最近几年出现的新型参考工具，它是在传统百科全书的基础上，结合互联网的特点兴起的一种新参考源③。目前，网络上的百科全书和具有百科性质的网络资源有不少，如维基百科、互动百科、百度百科、中国大百科等。

词条是网站百科的基本单元，每一个词条都有一个条头（即词条标题）。词条包括词条分类、英译名、释义、参项及编辑者等信息。利用网络百科收集专业词汇时，通常要先找到参项条，然后抓取词条中的相关内容，尤其是词条释义等项中使用的词汇，从中发现新的专业词汇。这些信息可以提供某

---

① 羌丽,张学莲,侯汉清.图书大众标注评介：以豆瓣网为例[J].图书馆杂志,2009(2): 21-26.
② 豆瓣读书.国史大纲[EB/OL].[2018-11-21].https://book.douban.com/subject/26803736.
③ 贾玉文.网络百科全书的发展及其意义[J].大学图书馆学报,2002(6): 35-38.

一词语的同义词、反义词、不同译名、属项、分项、参项,即相当于主题词表中的用、代、属、分、参等关系的词汇。例如,图4-6、图4-7为百度百科中"自然现象"的截图内容,在其开放分类里提供了族首词"自然"及分项"天文现象""天气""超自然现象"等,还有参项"生物""环境保护""自然资源"等[①]。

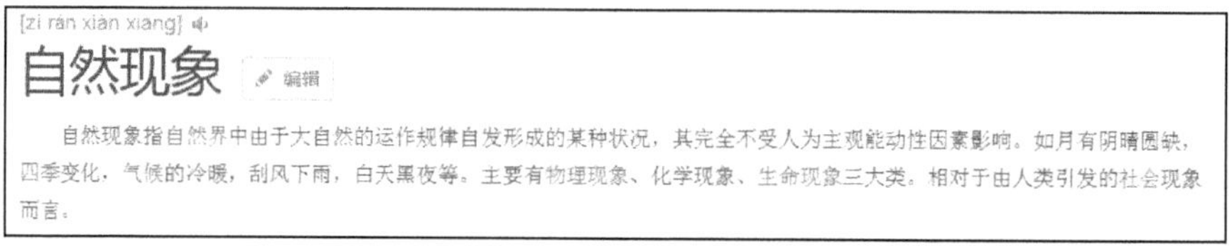

图 4-6　百度百科"自然现象"(截至 2018 年 11 月 21 日 14 时 10 分)

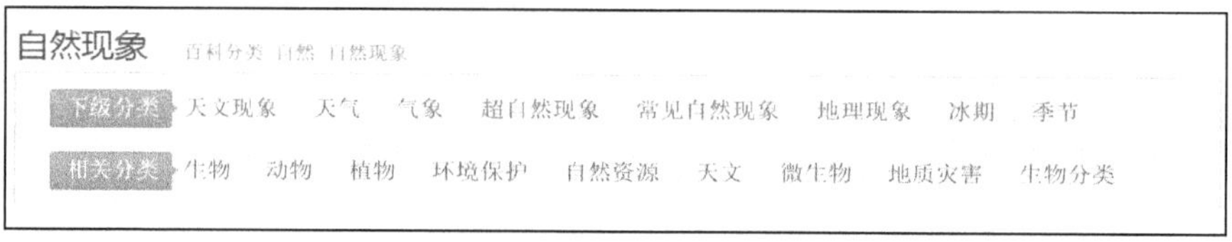

图 4-7　百度百科"自然现象"部分内容(截至 2018 年 11 月 21 日 14 时 15 分)

目前的网络百科全书,主要有基于印刷版百科全书而开发的能通过网络使用的电子版百科全书,以及直接在网上开发的百科资料数据库两种。基于印刷版的网络百科全书的内容是经过严格审核编制的,词条内容比较权威。对于大众用户编制的百科资源,词条内容主要由广大网民共同维护和编辑,具备了内容丰富、知识完备、高度开放、编辑互动、及时更新等特点[②]。客观地说,这些特性是传统百科全书所欠缺的,但其不足之处也正是由于它的高度开放性,使得内容的权威性缺失,造成其处于一种无序状态,将会给收词完成后的词汇审核带来更大的工作量。但相对于前5类词汇来说,百科词汇准确性更高些。

(7)手工收词方法和网络收词方法的比较

传统手工收词方法和面向网络收词方法各有特点,分别满足不同时代主题词表编制的需要。现将两者的利弊进行比较,如表4-2所示。

---

① 百度百科. 自然现象[EB/OL]. [2018-11-21]. https://baike.baidu.com/item/%E8%87%AA%E7%84%B6E7%8E%B0%E8%B1%A1.
② 白崇远.《维基百科》的特性及影响[J]. 辞书研究, 2009(2): 67-72.

表4-2　手工收词方法和网络收词方法比较

收词方法	评价指标			
	收准率	收全率	收词速度	成本
手工收词	高	低	慢	高
网络收词	低	高	快	低

上述6种面向网络的收词方法各有优劣。网络数据库中的关键词优点主要是词汇准确性较高，但由于文献内容更新慢，难以涵盖新词，由于网络数据包括各个学科的文献，所以这种收词方法覆盖面广、收词全面。与此相反，联网检字法词库的优点是新词多、词汇更新快，但由于是基于网民的录入用词，词汇学科覆盖面不全，主要适合于非学术性词表的编制，加之录入用词太细、粒度太细，很多词汇不符合主题词表收词的需要。网络热词具备了时效性强、更新频率快、表现形式丰富多样等优点，不足的是很多词汇不规范、不科学，词汇大多与社会生活密切相关，更适合人文社科类词表编制。网络检索界面参项显示可以快速获取参项汇扩充语料库，并可为以后建立语义关系提供参考依据，但是筛选淘汰的词汇量巨大，而且多半需要手工完成，因此，大大影响了这种收词方法的效率。大众网站的标注词优点是标注词来源于众多的网络用户，具有用户保障，但是标注词数量和质量参差不齐，而且缺乏词汇控制，冗余词多，适用词少。网络百科资源内容丰富、覆盖面广、高度开放、更新及时，可以用收词软件发现所需的词汇，但是手工筛选量大。

总之，从网络中收词的6种方法各有利弊、各有长短。实际上这些方法可以互相补充、互相辅助。可以充分利用网络技术、计算机技术和自然语言处理技术，使这些新型的收词方式焕发出新的活力，为网络时代的信息组织和检索做出贡献。

4.3　基础词库元数据框架 ①

多来源词汇及其描述属性信息可能有着不同的存储格式，如数据库格式、纯文本格式、XML格式或网页格式，元数据项也各有区别。基础词库需要集成、整合和管理这些异构的来源数据，一方面要尽可能以规范的格式进行存储，如关系型数据库或XML格式；另一方面还要保留这些描述信息与词源的关联，

---

① 曾建勋, 常春, 吴雯娜, 等. 网络环境下新型《汉语主题词表》的构建[J]. 中国图书馆学报, 2011, 37(4): 43-49.

《汉语主题词表》构建研究

需要对基础词库建立统一的元数据框架，准确定位相关词汇和概念，并描述其属性信息。为了客观、真实地描述词汇的所有来源信息，必须详细分析经过遴选确定的各种来源素材及其元数据结构，在此基础上构建统一规范的元数据框架结构。首先对各种来源词表及其元数据结构进行分析，参照都柏林核心元数据（DC）进行规范化转换；然后把收集遴选的关键词和检索词集按照元数据标准结构进行存储。这样，按照统一的元数据框架结构标准，由来源主题词表、术语表、作者关键词和用户检索词集等构成基础词库，由人名、地名、机构等来源素材构成科学名词的规范文档。它们均是以词汇术语为中心，并包括来源素材的各种属性和来源信息。

元数据框架标准包含词汇的唯一ID标识、概念标识、描述性信息、语义信息、来源信息、使用评价信息、编制历史记录等元数据项。基础词库中的这些元数据项基本涵盖了不同来源的主要元数据项。由于很多元数据项只在少数来源表中出现。如果按照传统方式，每一个元数据项都作为基础词库中数据表的一列，这种设计存在两个比较明显的缺陷。第一，必然会造成一个巨大稀疏的表格，不仅会浪费存储空间，还会严重影响检索的性能。第二，当有新的来源表需要导入基础词库时，如果出现新的元数据项，就不得不对存储表格进行重新设计，这将严重影响基础词库的稳定性和健壮性。为了防止这些缺陷，基础词库采用三元组的形式存储，即"唯一ID标识，元数据项，数据值"。通过这种三元组的形式，就不会再受来源表元数据项异构多变的限制，也有利于对基础词库元数据框架的稳定及对来源表的导入。

4.4 基础词库词汇的遴选 [①]

基础词库词汇收录需要制定统一的规范，为词汇筛选提供共同遵循的标准。词汇选择包括选择词源和在特定词源中选择词汇两个层面。需要对词源的适用性、权威性、学科性进行评价，研究基础词库选词的原则，如从词汇使用情况、词汇知识内容关联性、词形规范、语义清晰度、词汇专业性等角度对词汇进行综合评价及筛选[②]。在选择词汇时，按照词形规范标准，首先剔除来源数据中的非词语，继而划分为普通词和专有名词，这样把普通词中词形相似的词语集中到一起，主要解决词形变异、去重问题，可以为用户提供大量的检索入口词。

---

① 曾建勋,常春,吴雯娜,等.网络环境下新型《汉语主题词表》的构建[J].中国图书馆学报,2011,37(4):43-49.
② 常春,吴雯娜.网络时代专业叙词表选词规则实践与讨论[C]//全国第五次情报检索语言发展方向研讨会论文集.北京:国家图书馆出版社,2009:107-113.

同时,把专有名词划分为人名、地名、机构名、产品型号等形式类别,用于表示特定事物。对于大量的异形同义概念词,需要借助同义词词典、术语表等,把这些同义词汇聚到一起,构建同义词词群。在基础词库整合过程中,需要研究相同概念的不同表达,研究表达同一概念的多种词语(同义词)及其词形变体的通用术语选择,如缩略语、简称、俗称、惯用名等,以解决同形异义、同义异形的规范表示问题。基础词库的规范化处理需要借助自动分词、词性标注、词频统计、新词发现、信息抽取、自动聚类等中文本体信息处理的最新方法和技术。

4.5 基础词库管理与更新机制①

基础词库是《汉表》编制素材的仓库,而这些素材来源广泛,元数据结构各异,范畴分类的标准也不尽相同。因此,对基础词库的管理主要包括来源词表、术语词汇和范畴分类3个方面。在来源词表的管理方面,对来源词表建立统一标识,主要存储来源词表的获取来源、版本号、发布机构、发布时间、原始文档等信息。在术语词汇管理方面,同样要建立统一标识,在统一标识的头部包含其来源词表的标识,以三元组形式存储词汇的范畴类目、英文翻译、释义等属性信息,以及与来源表内其他词汇之间的语义关系。在范畴分类管理方面,不同来源表可能会使用不同的范畴分类体系,如中图分类法、杜威十进制图书分类法等,需要在不同的范畴分类法之间建立映射关系,将不同来源表中词汇统一在《汉表》的范畴分类体系下。

词汇是概念的载体,随着科技进步和社会经济发展,新的学科领域和技术门类大量涌现,新词不断产生,词义不断引申,科学术语的产生、发展和演变明显加快,加强对新术语词汇发现与识别的研究是基础词库建设的一项重要工作,需要不断获取新术语补充到基础词库中,建立基础词库词汇维护更新机制。因此,基础词库的更新主要是指把来源表中的词汇及相应语义关系转化为三元组的形式,增加到基础词库中。此外,基础词库的动态更新必然会增加词间关联结构的复杂度,引发多词间关联结构的变化,通过继承概念层中概念间的关联,向以概念为中心的元数据仓储中增加新词及其语义关联,进而将机器可识别的概念关系在专业领域内相对集中,在领域间互联互通,保证基础词库内容的科学性、逻辑性和及时更新。网络技术为基础词库的维护提供了良好的技术

---

① 曾建勋,常春,吴雯娜,等. 网络环境下新型《汉语主题词表》的构建[J]. 中国图书馆学报,2011,37(4):43-49.

手段。例如，利用Web 2.0技术中的社会标注法和大众分类法可以加强与用户的互动[①]，吸收用户的修改意见；基于网络协作平台，词表编制人员可以对词语进行在线讨论、修订和分工管理；采用可视化技术，可以直观展示语义关系，便于发现和修改错误信息等。

---

① 毛军.元数据、自由分类法（Folksonomy）和大众的因特网[J].数据分析与知识发现, 2006, 1(2): 1-4.

第5章 《汉语主题词表》范畴体系建设

范畴是概念的一个重要属性，用来说明概念所适用的学科领域。范畴体系实际上是一个学科分类体系，一般以树形层级结构展开，用以展示范畴之间层层从属的关系；主题词表的范畴体系则是把具有同一学科属性的概念按照从一般到具体的方式组织成的层级结构。主题词表一般都有自己的范畴表，用于概念归类。不同的主题词表，所构建的范畴体系一般也不同。范畴表为各个来源词表的概念提供了统一的导航体系，有利于实现多词表概念的语义集成。《汉表》语义集成系统从学科的角度在顶层设立范畴表，辅助实现多词表概念的语义集成，也可进行单表或跨表的概念导航。这对于文献信息的主题聚类、分类组织及层级浏览具有重要意义。同时，范畴体系的建设也是通用本体建设的基础，有利于控制通用本体的维度和粒度，便于以后建立通用本体与《汉表》概念的映射关系，解决因学科交叉、表达产生的维度和粒度不同，以及冲突和重叠等方面的问题[①]。

5.1 范畴体系构建原则

范畴表须采用能覆盖各学科领域的综合性分类表，要有一定的权威性和影响力，有广泛的认知和应用，以便和其他主题词表或知识组织系统更好地兼容。目前，我国分类思想大多延续《中国图书馆分类法》《中国图书资料分类法》的类目体系，传统《汉表》的范畴表主体类目结构也与《中国图书资料分类法》基本一致，其他一些专业词表范畴也大体与之吻合。所以，针对我国主要分类表的应用现状和主题词表的范畴设置情况，《汉表》范畴体系以《中国图书资料

---

① 曾建勋，常春，吴雯娜，等. 网络环境下新型《汉语主题词表》的构建[J]. 中国图书馆学报, 2011, 37(4): 43-49.

分类法（第四版）》分类体系为基准，同时参考《汉语主题词表—范畴表》，以及《国家学科分类标准》《中国分类主题词表》等，既有继承又有创新，既能满足文献信息分类的需要，又能更好地适应词汇/概念分类的需要，面向多个学科统一构建。其范畴类目设置根据社会、经济、科技的发展现状与趋势，以及对应学科的文献量、词汇数量、学科交叉特征等，力求达到思想性、科学性和实用性的统一。

若想既发挥主题词表概念之间语义关系相对准确的优势，又能改善其在主题聚类中的不足，就需要强化范畴表的作用，对范畴表进行扩展。根据对范畴表扩展程度的不同，可以分成两种情况：一种是将范畴体系继续深化，每个范畴中仍包含多个主题；另一种是将范畴和主题完全合一，全部范畴和概念统一形成一个等级结构，即达成分类主题一体化。如果考虑到未来词表的本体化转换和应用，就需要对主题词表的关系类型进行细化，以区分不同等级关系，达到根据不同需要（主题相关、语义类型一致）展示不同层级结构的要求，为基于主题词表的本体化奠定基础。可以把以上两种情况看成范畴表发展的不同阶段，范畴表越细，对基于主题的文献聚类越有利，当范畴表细化到极致时，就达到了分类主题一体化。

为了保持《汉表》的连续性和持续性，为编制主题分类一体化词表奠定基础，发挥主题词表的学科导航作用，《汉表》的范畴类目制定中，既要继承原《汉表》中正确的范畴分类体系，又要适当结合《中国图书资料分类法》的学科分类体系，综合制定范畴分类体系。

5.2 范畴体系构建

根据范畴表构建原则，需要确定范畴表的规模、层级，参照体系的设置方法、类目筛选方法、类目体系调整方法、类目命名和编码规则等。

对类目体系进行对照分析，在专业范畴表和分类法之间建立对照关系，区分不能映射的类目，结合基础词库词汇类目分布、类目文献数量，提出新型《汉表》范畴体系类目及其层级关系的调整思路。在《中国图书资料分类法》主体类目基础上，进行类目筛选和调整，对其类目体系进行细化、删减、新增、合并、移动等，调整形成范畴体系的基本框架，并考虑学科交叉特征，允许设置有主辅区分的交替类目，并建立类目间参照关系。在具体构建范畴表时，还可考虑将主题词表中的词族结构纳入范畴体系，将范畴体系进行扩展，逐步实现分类主题一体化。

第 5 章 《汉语主题词表》范畴体系建设

为了进一步完善范畴体系，可以在基础词库中按比例随机抽取部分词汇，利用新型《汉表》范畴表对词汇进行分类试验，对分类过程进行记录，对分类结果进行统计分析，据此评价范畴表的适用性，研究范畴表类目分布与文献分布的关系。在此基础上对范畴表结构和类目进行调整优化，对类目定义和类目参照体系进行完善。

5.3 范畴体系的映射

《汉表》从广泛的来源获取用于编制的词汇素材，而不同来源常使用各自的范畴体系，而《汉表》则采用了《中国图书馆分类法》（CLC）。目前，世界上有多种不同的范畴分类体系，建立不同范畴体系和《汉表》范畴体系之间的映射关系，可以实现其他知识组织系统向《汉表》的集成和融合。本节以国外最普遍采用的知识组织系统分类法（Dewey Decimal Classification，DDC）为例，介绍其与《汉表》范畴体系的映射机制。

5.3.1 映射原则

DDC 与《汉表》范畴体系虽同属体系分类法，但因其分类体系不同，不能完全一一对应。根据对这两部分类法的比较研究，两者的对应关系有一对一、一对多、多对一、零对一、一对零等，很多类目都无法相互精确匹配。因此，在制定映射策略时要考虑建立多种映射关系。

（1）精确匹配（Exact Match）

使用等同概念的方式，寻找完全匹配的类目进行映射，两条类目表达的概念内涵和外延交叠为100%或接近100%，即认为是精确匹配。这就是一对一的关系。

（2）向上匹配（Broad Match）

如果不是完全匹配的类目且来源表的类目内涵包含于目标表的类目内涵，指出最近一级的上位类目，给出向上匹配的映射关系。允许来源表的1个类目向上映射到目标表的1个以上的类目，这种映射将解决一对多和多对一的关系，但需严格控制。例如，在《汉表》范畴体系中没有与677（textiles）精确匹配的类目，677对应了F416.81（纺织工业、染整工业）的部分内容，所以677与F416.81匹配类型为向上匹配。

（3）向下匹配（Narrow Match）

如果来源表的类目内涵包含目标表的类目内涵，允许来源表的1个类目向下映射到目标表的1个以上的类目中。例如，与F416.81相关的两个DDC类目是667（cleaning, color, coating, related technologies）和677（textiles），F416.81包含667和677的内容，因此与667、677的匹配类型均为向下匹配。

（4）相关匹配（Related Match）

这种匹配类型，说明两个类目概念存在一定的重叠部分，有交叉关系，将这种关系判断为相关匹配，如TD164（露天矿地质）与622.12（surface exploration）。

总之，由于DDC和CLC工程类目的差异较大，某些专业概念在这两部分类法中会属于不同的大类或类目层级；每一级别的类目受上位类目及下位类目的制约，其含义及范围各不相同；有些概念相同词语，但类目名称不同；一种分类法的类目在另一种分类法的类目中没有设置所需要的对应概念。制定上述策略，有效解决了两部分类法中存在的多种映射关系，为映射表的建立奠定了良好基础。

5.3.2 映射方法

根据分类法之间建立映射关系时人工智力参与的程度，可以分为直接映射和间接映射两种模式。直接映射也称为静态映射，其基本特征是类目间的映射关系由人工判断确定。直接映射需要事先确定不同分类法类目映射时存在的概念关系，然后由专家判断分类法类目之间的关系，并以二维表或其他格式保存。直接映射一般也借用计算机来辅助，但是确立类目之间的对应关系却是基于人的主观判定。直接映射完成的分类法对应转换，具有准确性高、过多依赖于专家个人、映射成本高、完成周期长、不易维护等特点。间接映射是指类目间的映射关系一般不由专家直接判断确定，而是根据一定的统计或计算原理，由计算机自动完成，所以一般也称为自动映射。间接映射基于同现统计或基于语义向量空间，判断需映射类目之间的相似度，并以此确立一种分类法的类目与另一种分类法类目的映射关系。

《汉表》在构建时采取直接映射的方法：首先通过人工判断两种分类法的类目概念，分析对比DDC与《汉表》范畴体系结构特征；研究分类法类目映射原则、类目映射关系的类型及表达方式、类目映射实施方案、类目映射效果评价方法，建立DDC相关类目向《汉表》范畴体系的映射，和《汉表》范畴体系中四级以上（含四级）类目向DDC类目的映射，形成人工映射表。具体研究思路如下。

（1）DDC类目体系结构特征分析

梳理和统计分析DDC与工程技术相关的各级类目，在DDC的10个大类中析出与工程技术相关的所有类目，进行统计和分析并总结分类特征、思想体系。

（2）《汉表》范畴体系结构特征分析

梳理和统计分析《汉表》范畴体系的各级类目，在相关一级大类［包含相关类目的一级大类主要有F（经济）、G（文化、科学、教育、体育）、J（艺术）、T（工业技术）、U（交通运输）、V（航空、航天）、X（环境科学、安全科学）］中析出所有相关类目。

（3）遵循以下映射规则建立DDC和《汉表》范畴体系的双向人工映射表

① DDC是来源表，《汉表》范畴体系是目标表：将DDC相关的类目，使用等同概念的方式寻找其与《汉表》范畴体系相关类目完全匹配的类目进行映射（精确匹配）；如果没有完全匹配的类目，指出在《汉表》范畴体系中最近一级的上位类目，给出向上匹配的映射关系；允许1个DDC的类目向上映射到CLC 1个以上的类目中（向上匹配）；允许1个DDC的类目向下映射到CLC 1个以上的类目中（向下匹配）。

②《汉表》范畴体系是来源表，DDC是目标表：对于《汉表》范畴体系相关的一至四级类目，使用等同概念的方式，寻找与《汉表》范畴体系相关类目完全匹配的类目进行映射（精确匹配）；如果没有完全匹配的类目，指出在《汉表》范畴体系中最近一级的上位类目，给出向上匹配的映射关系；允许1个DDC的类目向上映射到《汉表》范畴体系1个以上的类目中（向上匹配）；允许1个DDC的类目向下映射到《汉表》范畴体系1个以上的类目中（向下匹配）。

5.4 概念的范畴分类

在统一的范畴体系下，借鉴词汇原始范畴信息、来源信息、语义关系信息解决来源词表概念的归类问题；依据在文献中的学科分布特征或通过共现、共篇、共引等方法，借助各种计算机聚类分类手段和专家的人工判断，确定所属的范畴类目。传统《汉表》的词语映射到统一的范畴体系下，某些词语允许同时归入2～3个范畴。概念归类的原则主要包括以下3项。

①主题词表中的所有优选词（包括非优选词）均应赋予范畴号。

②每个优选词应按照其基本概念与本质属性对应范畴类目所涵盖的专业属性和范围（包括范畴类目的注释项），赋予相应的范畴号。通常一个优选词赋予一个范畴号，如"蛋白质"为43AJ01，"电动机"为79AF03。

③若一个优选词的基本概念具备多个专业属性，可赋予多个范畴号，但一个优选词最多可赋予3个范畴号，如"电子商务"可赋予23AU01E和83AE19C，"军事专家系统"可赋予83AA11和21BE，"耐高温纤维"可赋予85AY05F和85AN11E。

若给一个优选词赋予多个范畴号时，应根据该优选词的最基本属性有主次地选择一个作为主范畴号，其他按序标注在后。例如，"军事专家系统"在标注范畴号时，83AA11在前，21BE在后；"耐高温纤维"在标注范畴号时，85AY05F在前，85AN11E在后。

非优选词的范畴号一般与相对应的优选词范畴号相同。例如，"电子数字计算机"为83AE09，其对应的非优选词"电脑"也应标注为83AE09；"蓄电池"为79AS01，其对应的非优选词"二次电池""可再充电电池"也应标注为79AS01。

给每个优选词赋予的范畴号原则上是任何一级的范畴号，但以与其基本概念最接近（专指性最高）的范畴号为首选。当赋予某一级的范畴号时，不能赋予其上一级的范畴号（即不能以粗代细）。例如，"卫星轨道"应赋予"航天器轨道"的范畴号95AE15E，而不能赋予"轨道"的范畴号；"微量元素肥料"应赋予"化学肥料"的范畴号47AA07C，而不能赋予"肥料学"的范畴号47AA07。

只有当优选词的基本概念不能用最接近（专指性最高）的范畴类目覆盖（对应）时，才可赋予上一级范畴号。例如，"石榴石型结构"应赋予"矿物晶体结构"的范畴号，但范畴表中无相应类目，只能赋予"晶体结构"的范畴号39AJ11。

反之，应赋予某一级范畴号，也不能赋予其下一级范畴号（即不能以细代粗）。

对词表中某些类无专属的优选词（亦称无关联概念）也应根据其属性赋予相应范畴号，如"无序"应赋予"晶体化学"的范畴号39AJ07，"消化"应赋予"消化生理学"的范畴号43AG13。

对通用、组配概念优选词也要根据其属性赋予99"通用概念"中相应的范畴号，如"微型"应赋予99AQ05，"问答法"应赋予99AG，"稳定性"应赋予99AQ。

在对优选词赋予范畴号时，一定要判断其概念的学科、专业属性，切忌只凭后方一致判断，贸然赋予。例如，词表中有"汽车可靠性""航空系统可靠性""半导体器件可靠性"等，不能简单按"可靠性"赋予范畴号，而应根据各自概念属性赋予相应的范畴号,即"汽车可靠性"为71AU01,"航空系统可靠性"为95AC23,"半导体器件可靠性"为81AU09。

对难以判断应赋予何范畴号时,可充分利用该优选词的上下位类关系或范畴表中相关类目的上下位类关系(包括类目的注释项)加以判断,也可参考《中国分类主题词表》等有关行业的分类表和范畴表,以赋予该优选词最恰当的范畴号。

第6章 《汉语主题词表》概念建设

在统一的词表集成框架体系下,开展新型《汉表》的概念表达研究,确定新型《汉表》的概念体系。新型《汉表》关注的焦点是概念,而不是词汇、名称或术语。词汇的收集和组织以表达概念的含义为目的,将具有相同概念、来源不同的词汇及其变体通过概念标识联系起来,并在新型《汉表》中通过概念定义、概念语义类型、概念内关系(表达同一概念的同义术语)及概念被使用的信息等多种方式表达概念含义。

6.1 概念的建设原则

6.1.1 概念中术语的筛选原则

术语是构建《汉表》最基本的元素,直接决定了《汉表》的构建质量。哪些术语能够被筛选进入《汉表》,主要从词频、专业性和技术性3个方面考虑,筛选的主要原则如下。

①词频相关度原则。为了适应主题词表的计算机应用方式,首先考虑词频问题,凡是在专业范围内具有较高词频的专业概念所对应的词汇,都是主题词表首要候选词。在各参加编制机构相关的专业范围内,加上规范性、用户使用偏好等信息,共同确定候选词汇。具体方法可以通过Excel表和选词编制平台提供的词汇词频、来源词表数、用户检索信息,同时结合领域专家意见对所分配的词汇进行筛选,将不符合本专业领域的词汇剔除,按规定的入库数形成各专业领域最重要的词汇集合。

②专业相关度原则。本着学科与专业相结合,以专业为主,科学理论与技术实践相结合,以技术实践为主的原则,将词汇按与专业相关度的高低进行筛

选。凡与本专业密切相关的、科研生产中迫切需要的重要词汇概念入选本专业领域词汇。

③技术相关度原则。应用于工程技术领域基础学科方面的词汇，可遵循按其在相关专业领域应用的广度、深度及频率进行筛选，应用广且深、频率高者入选本领域专业词汇，反之入选自然科学中的相关基础学科类。

例如，"二氧化碳"入化学类，而"萃取"入化工类；"降落伞"在航空航天领域应用广泛，因此入该专业领域词汇，而不入自然科学中的力学类；"水动力学"多应用于水利工程，因此入该专业领域词汇，而不入自然科学中的流体力学类。

6.1.2 概念优选词的选取原则

优选词选定指在各类词汇中选择作为《汉表》的优选词并进行规范化处理，包括从系统给定的词汇中（含主题词、关键词、用户检索词）选定优选词，以及在给定的词汇之外增加新的优选词。优选词是一种用于信息检索的知识组织系统，并非一切自然语言词汇都能作为主题词表中的主题词，优选词的选定应遵循下列基本原则。

①依据主题词表欲覆盖的学科范围、专业范围，结合被标引文献的特点、检索系统类型及信息用户的需求进行选定。

②依据科学性、实用性和时效性原则进行选词。选定的优选词应是各个学科领域经常出现、通用、能准确表达科学概念、具有主题聚类功能的词汇。应把对文献标引与信息检索是否实用、有效作为选词的衡量尺度。在选词过程中，应把文献调查分析、统计词的标引频率和检索频率作为选词的重要判据。对于表达新事物、新学科、新理论、新方法、新技术、新工艺、新设备的词汇，有的虽然目前使用频率较低，但也应根据其现实需要并结合其发展情况加以选用。

③选定的优选词必须是概念明确、一词一义、词形简练。不得选用概念容易混淆、词义不清的词汇作优选词。当某优选词在不同学科领域有不同的内涵时，应采取各种措施加以区分、限定。

④选定的优选词应具有广泛的通用性，并具有规范的表达形式。当一个主题概念有多种表述形式时，应选择其中较通用、较规范的作为优选词。

⑤选定的优选词应符合汉语的构词特点。在词形上符合作为词汇标识的要求，并尽量选用便于字面成族的词。

⑥选定的优选词应尽量同国内外主题词表兼容。

6.1.3 概念优选词词性的控制

依照汉语词类的特点,选定的优选词应以名词和名词性词组为主。对于形容词、副词、数词及量词,应根据构词和组配的需要慎重选择。

可以作为优选词的主要是文献主题中用来表示相关事物及事物特征的各学科领域名词术语,主要有下列类型。

(1)哲学、社会科学领域的名词、术语

例如,政治、政府、社会保障、经济、宏观经济学、金融危机、文化、文学、艺术、职业道德、图书馆、敦煌学、文学评论、摄影等。

(2)自然科学、工程技术领域的名词、术语

例如,数学方程、马尔可夫链、原子物理学、地层、载重汽车、金属材料、相控雷达、高电压等。

(3)表示事物的性质、现象、状态的词汇

例如,耐用性、黏度、凝聚力、动态、放电、疲劳、反应、非均相、非平衡态、额定负荷、循环等。

(4)表示工作、工艺过程、方法的词汇

例如,研究、布局、发明、考察、评估、统计、发展、测量、维修、试验、结构试验、分析、比较、无损探伤等。

(5)表示通用数量、数值、形状、尺寸的词汇

例如,带状、断面、矩形、距离、微型、直线、中径、中型、参量、额定值、修正系数、增量、占有率、最大值等。

(6)表示通用时间、地点、方位的词汇

例如,年代、古代、当代、春季、白昼、闲暇时间、中旬、长期、临时、死亡期、北方、底面、国内、室外、周边地区等。

(7)表示通用文献类型、信息载体的词汇

例如,图、表、手册、样本、字典、文摘、索引、年鉴、专利说明书、音像制品、缩微胶片、数字文献等。

(8)专有名词

主要包括:

①地理名称和行政区划名称,如亚洲、莫斯科、太平洋、张家界等;

②民族、语言名称,如汉族、壮族、吉普赛人、印第安人、英语、俄语等;

③特定时代、年代、王朝名称,如中世纪、明代、新民主主义时期、费萨尔王朝、二十一世纪等;

④各学科领域中的代表人物、有影响的人物，如孔丘、秦始皇、孙中山、毛泽东、丘吉尔、居里夫人等；

⑤作为论述和研究对象的重要机构、团体、会议等名称，如联合国教科文组织、奥林匹克运动会、中国工商银行、国际住宅和城市规划协会等；

⑥重要且常用的产品名称，如微软操作系统、阿帕奇武装直升机、M237挖掘机等（按各学科专业的实际需要选定）；

⑦重要且常用的历史事件名称，如雾月政变、淝水之战、辛亥革命、海湾战争、珍珠港事件等；

⑧重要且常用的法规、条约名称，如《奥本海国际法》《国际航班过境协定》《日美共同合作和安全和约》等；

⑨重要且常被作为研究对象的文献名称，如《资本论》《论语》《红楼梦》《富国论》等；

⑩其他具有标引和检索价值的事物专有名称。

专有名词通常编入专门的附表。

6.2 概念的英文翻译

《汉表》中绝大部分概念都有对应的英文翻译，英文词汇和中文词汇一样普遍存在一词多义和多词一义的情况，因此，概念的英文翻译也要保证其是专业性的术语，尽可能保证《汉表》中概念英文翻译的单义性。在对概念英文翻译的编制过程中，首先为每个概念获取一定数量的英文翻译作为候选；然后利用一些通用的原则从形式角度对这些候选进行筛选过滤；最后基于《汉表》与英文主题词表之间的概念映射，从语义角度确定《汉表》中概念的英文翻译。本节首先介绍概念英文翻译的选取原则，然后介绍基于《汉表》与英文主题词表映射实现对《汉表》概念英文翻译的编制。

6.2.1 概念英文翻译获取来源

《汉表》概念英文翻译获取来源主要有4种，即专业主题词表、中英词典、文献关键词和专家推荐，每种来源各有利弊，需要结合使用，才能保证候选英文翻译的质量。

（1）通过专业主题词表获取概念翻译

在一些已编制发布的中文主题词表中，为其中的概念提供了对应的英文翻译，可以借鉴其作为《汉表》概念的英文翻译；另外，有一些多语种主题词表也涵盖了中文和英文,也可以作为英文翻译的来源。这种方式得到的英文翻译通常质量较高,但获取的数量较少,只能覆盖《汉表》中较少比例的概念。

(2)通过中英词典获取概念翻译

中英词典为大量中文词汇提供了英文翻译,而且中英词典数量较多,有针对日常词汇的通用词典,也有很多各学科的专业词典,可以为《汉表》中较多的概念提供英文翻译,但多义词也往往被收录在词典中,英文翻译的质量整体上要明显比前一种差一些。为了保证英文翻译的质量,原则上优先选择精细学科的专业词典。

(3)通过文献关键词获取概念翻译

在很多中文文献中,不仅有中文的关键词,而且会有对应的英文关键词。一般情况下,可以认为文献的作者对本专业非常熟悉,设计的关键词是经过仔细考量的,用作概念翻译是能够保证质量的。另外,大部分文献中也提供了学科分类,在其学科分类下可以保证中英文关键词的单义性。为了避免质量较差的中英文关键词影响概念翻译的质量,原则上优先采用被引频次高、发表在重要期刊上的文献中的关键词。

(4)由专家推荐概念翻译

在以上方式的基础上,组织专家为概念推荐英文翻译。这种方式人工成本较高,也存在专家背景知识差异的影响,一般是作为前3种方式的补充。

6.2.2 概念英文翻译的选取原则

《汉表》中的一个概念对应的英文翻译必须要按照以下原则选取。

①每个概念至少有一条英文翻译。

②英文翻译应与概念的优选词对应,可以将概念的英文表达形式视作优选词的英文翻译。尤其是当概念的非优选词与优选词不是完全的同义词时,这一原则尤为重要。

③通常情况下采用小写,专有名词、首字母缩写或其他约定俗成需要用大写字母的情况除外。

④英式、美式拼写都可采用。

⑤以名词、动名词或名词短语为主。例如,"建造"可用名词"construction",而不用其动词"construct";"切割"可用动名词"cutting",而不用其动词"cut"。

⑥名词短语中尽可能不用介词。例如,"糖类代谢作用"用"carbohydrate metabolism",而不用"metabolism of carbohydrates"。

⑦避免使用词首冠词。例如,"巴伦支海"用"Barents Sea",不用"The Barents Sea";"有限元法"用"finite element method",不用"the finite element method"。

⑧单复数形式都可采用。

除以上需考虑的因素外,对于编表系统中推荐的英文翻译,还应参考其词频、来源数、来源的权威性等。

6.3 概念的词形控制

词形控制是指对概念的书写形式进行控制,以及对同义不同形的术语优选其中的一种形式作为优选词,以避免因信息标引分散而降低查全率,有利于字顺排列。词形控制的主要内容包括以下几个方面。

（1）汉字词形控制

当一个汉字有简体、繁体、异体等字体形式时,应选择目前通行的标准字体作优选词。当一个汉字有多种写法时,应选择使用较广泛或有权威性规定的写法作优选词,其他书写形式可选作非优选词。

（2）外来语词词形控制

选定汉语概念时,必然会遇到外来语词的问题。相当多的外来语词,经过长期与汉语的融合,已被接纳并已定型化;部分以外文形式或音译形式流行的语词也被相关学科专业所承认;此外,还有一些很不定型的外来语词。外来语词词形控制规则如下。

凡在汉语中已有通用译名或正式对应词的,不用外来语音译词,一律用汉语词作优选词。如果音译词与正式译名两者应用都较普遍,则用正式译名作优选词,音译名作非优选词。某些外来语词音译词与汉语词组合成被普遍接受的定型术语,则保留其中的音译词。某些外来语词音译词已在汉语中生根并被公认,可选作优选词。如果外来语词在我国没有译名或缩写形式被人们接受、比译名更通用,可以用其缩写形式或缩写与汉字结合、外文与汉字结合的形式作优选词,同时应选择对应的其他书写形式作非优选词。以外国人名冠首的词,凡已有正式译名者,取正式译名为构词单元。有些类似词,因人名译名尚未定型等原因,可选用原文人名冠首的词形。

（3）概念中符号、数字、非汉字字符的控制

概念中允许使用符号、数字、非汉字字符。主要包括:书名号,仅用于作为研究对象的文献名称。逗号,用于化学表达式、外文人名中姓与名之间的分

隔。双引号，仅用于表示特定语法作用或表示贬义的词汇。顿号，表示特定论题的优选词。括号，用于限定优选词的学科范畴、地区范围、时代范围，以及某些专业术语的特殊构词方式，优选词只有用于概念限定时才使用圆括号，除此之外，优选词不使用圆括号。连接符号、起止符号，语词中的"～"（起止号）、"——"（破折号），均使用连接号"－"表示，用于汉字与汉字之间的并列连接、数字与数字之间表示范围的连接，以及专业术语的习惯用法。连字符（英文半角状态），用于表示数字与数字、数字与汉字、数字与字符、字符与汉字之间表示特定术语构词的连接。阿拉伯数字，用于优选词中表示年代、世纪、型号、规格、代号的数字。表示数量或序数的汉字，用于优选词中表示序数、月份、专用名称、专业术语的惯用数字表示法。罗马数字，用于表示某族化合物、某些专业术语中类别表示法。其他符号，均使用英文半角状态的字符，字符如属上下标形式均直接书写相应的字符。

（4）词序控制

无论是汉语概念，还是汉语概念的英译名，均采用自然（正常）词序，不采用倒置形式。

（5）优选词长度控制

为便于排检和计算机处理，也作为对词组的一种控制措施，规定优选词长度不超过14个汉字。太长的优选词可用简称、缩写、分解等方法予以压缩。

（6）词形规范化

选定的优选词应该定型。以某词作词冠的优选词应与此词对应。允许以非优选词作为优选词的构词单元使用，但应当尽量减少使用。非优选词作为优选词的构词单元时，应考虑增加相应的入口词。译名选定之后，用作优选词中的构词单元时，应一律统一，除非是同名异人。

6.4 概念的词义控制

（1）概念的"一词一义"原则

自然语言词在使用过程中比较灵活，在不同场合词义会发生延伸、缩小、借喻等现象。概念因其特定功能而要求绝对单义。主题词法的词义控制，主要是对多义词（同一词形表示多个相关性词义）、同形异义词（同一词形表示几个不同的词义）和词义含糊而导致理解不一的词进行处理，使概念的词义具有单一性和明确性。根据主题词法思想，基本原则是一个优选词代表一个概念，即"一词一义"原则。由于从基础词库收集的"语词"中得到的优选词候选词，部

第6章 《汉语主题词表》概念建设

分术语不满足这样的条件,所以需要对这些术语进行规范化,主要方法是加概念限定、加含义注释、加参考定义。

个别情况下,一个术语在不同的语境下具有2个或2个以上的含义,当选用这样的术语表达概念时,需要增加概念限定词,从而达到"一词一义"。具体方法是在术语后加英文半角圆括号,在括号内加限定词,将概念进行明确限定或区分。限定词应该简洁地表明概念的语境或概念的主题领域。限定词是术语的组成部分,与术语是一个整体,合并表达一个"一词一义"的概念。经典的例子如术语"疲劳",可以表达2个概念,一个概念是"疲劳(材料)",另一个概念是"疲劳(生理)",分别表达材料科学和生物与医学两个领域的概念。

(2) 选词调整与"一词一义"

有些字面相同的语词会被不同的学科选作概念,其含义在不同的学科有差异。这时,可以考虑人为选用不同的词形,表达在不同学科的特定含义。例如,为了与军事领域的"防御"相区别,体育运动中类似防御的概念选用"防守"作优选词。鉴于《汉表》主要为机器使用,词频是选词的第一要素,所以,本条规则在使用时需要综合考虑。例如,通过词频统计,如果"防御"在体育运动文献中词频显著高于"防守",则当然直接选用"防御"作优选词。如果任何概念需要区分或限定,均可以使用概念限定词进行处理。

(3) 使用注释明确或限定概念含义

为了确切指明概念的含义,对词义不够清晰或可能引起多义理解的概念应通过注释加以说明。《汉表》规定的注释主要包括含义注释、参考定义和历史注释3种。含义注释也叫范围注释或范畴注释,注释可以说明术语字面所不能明确的含义,或者指示概念的使用方法,包括概念的特殊用法等。注释不是概念的组成部分,标引时不必标出。因此,注释比限定词更自由,可以更细致地说明概念的含义和用法。使用范围注释可以阐明概念的边界,特别是当概念的含义解释太宽泛或太狭窄的时候,或者是区分自然语言中正式词重叠部分的含义的时候,它也可以提供语词用法的其他建议。范围注释不需要完整定义,但要阐明《汉表》中语词的确定用法,如指明某词该如何使用或不该如何使用。并非每个概念都需要加范围注释,只是其意义对于《汉表》用户可能不够清楚时才需要范围注释。这通常包括不常用的词、外来语、新词及那些与习惯用法不同的词。范围注释主要有以下种类:对概念范围的明确限定,否定式限定,正确定义,定义与肯定的限定相结合,用法注释。定义注释是以定义的方式说明概念的参考含义。定义通常来自较权威的工具书、百科、专业文献等。历史注释(沿革注释)包括概念更新(增加新词、词形变化、优选词降级为非优选词、非优选词升级为优选词、优选词删除等）的历史及注释更新的历史。历史注释，一是有助于对概念含义的理解（含义的历史演变）；二是有助于对已标引文献数据的修改。

6.5 通用概念获取与识别[①]

概念的获取与分类是知识组织体系构建的重要工作。例如，主题词表的选词主要由普通名词与专有名词构成[②]。普通名词主要包括具体事物名称和抽象事物名称，具体事物名称如"海洋"，抽象事物名称如"铸造"；专有名词通常为人名、地名、产品名等，如"孙中山"。不仅是《汉表》，在其他知识组织系统构建中，概念词汇与实例词汇也是构建的主要成分[③④]。例如，可以用"城市"代表一个概念，而"北京市"则是一个实例。在所有这些概念词汇的研究中，通用概念具有一定的特征和应用价值，数量上也占有一定的份额。无论是综合主题词表，还是专业主题词表，通常都有一个单独的通用概念范畴，有的主题词表命名为一般概念，有的主题词表命名为通用术语，这些术语如"研究""设计""应用"等，是在不同专业都有应用的泛指，在概念组配方面有重要价值[⑤]。在主题词表、本体等知识组织体系构建中，需要获取并区分出通用概念。本节将介绍3种通用概念获取与识别的方法。

6.5.1 从传统知识组织体系中继承的获取方法

1980年，《汉表》编制完成并出版，20世纪80—90年代，我国主题词表的编制与应用达到了巅峰，编制了上百部的综合及专业性主题词表[⑥]。人类知识总是在继承中不断发展的，这些主题词表概念可以作为重要的原始语料或参考词汇，经过遴选直接纳入候选词库，根据修订和重新编制的原则，进行选词、分类、建立语义关系等主题词表编制工作。

原《汉表》通用概念分自然科学一般概念与社会科学一般概念[⑦⑧]。自然科

---

① 常春，赖院根. 数字环境下通用概念获取方法[J]. 图书情报工作, 2011, 55(22):22-25.
② 戴维民. 信息组织[M]. 2版. 北京: 高等教育出版社, 2009.
③ 李光达, 常春. 构建本体时获取概念方法研究[J]. 情报科学, 2009(5):713-716.
④ 葛宁, 王军. 领域Ontology的自动丰富：基于ADL地名表的实例研究[J]. 计算机科学, 2007, 34(9):156-162.
⑤ 赵妍, 侯汉清. 中文期刊文献通用词标引分析[J]. 图书与情报, 2007(1):63-65.
⑥ 常春, 卢文林. 叙词表编制历史、现状与发展[J]. 农业图书情报学刊, 2002(5):25-28.
⑦ 中国科学技术情报研究所, 北京图书馆. 汉语主题词表[M]. 北京:科学技术文献出版社, 1980: 1-16.
⑧ 中国科学技术情报研究所《汉语主题词表》自然科学部分维护组. 汉语主题词表: 自然科学(增订本)[M]. 北京: 科学技术文献出版社, 1991: 1-18.

学一般概念的一级范畴号为92，下分为9个二级类目。其中，92A是一般概念，如"机理""计算""结论""现状"等概念，其他二级类目包括92B"形状""尺寸"，92C"时间""方位"等，共收集了475个通用概念。作为《汉表》修订项目，这些词在人选方面应该占有较大的权重，甚至根据这些词汇的统计数据属性重新进行分类。例如，术语"计算"，需要统计在各级大类中的词频情况，根据词频大小，确定是继续放到通用概念下，还是放到O类（数理科学与化学）或TP类（自动化技术、计算机技术）。

另外，还有大量的专业主题词表，如《农业科学叙词表》《水利水电科技主题词表》等[①]，同样有通用概念。《水利水电科技主题词表》一级范畴号20通用概念下设2个二级类目，20A为复合通用概念，如"安全管理""分布规律"等；20B为一般通用概念，如"成分""利用""应用"等。

6.5.2 基于词频分布的获取方法

首先观察一个具体的例子，"设计"是一个公认的通用概念，以"设计"作为关键词检索知网数据，在工业技术类文献下检索结果如图6-1所示。

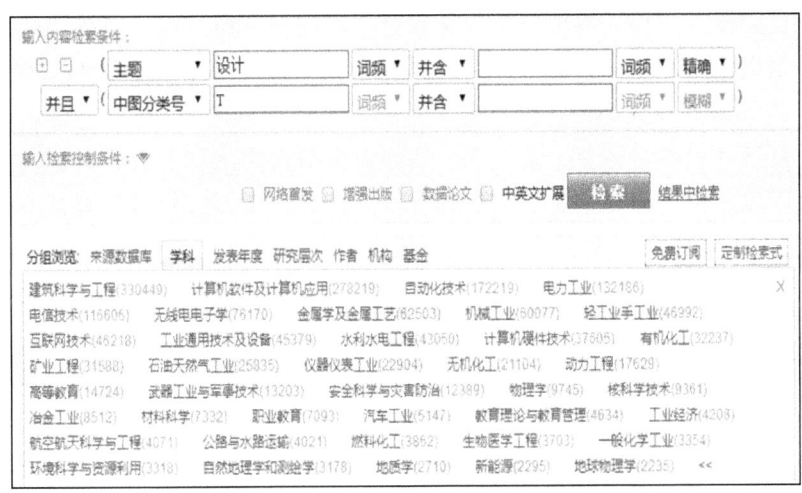

图6-1 术语"设计"在工业技术类文献中的词频分布

从图6-1可以看出，术语"设计"作为关键词，出现在所有工业技术下的二级类目中，而且词频数量巨大，对应的文献量巨大，有典型的通用概念特征。使用术语"水库"进行检索，在工业技术类文献下检索结果如图6-2所示。

---

① 水利部信息研究所.水利水电科技主题词表[M].郑州：黄河水利出版社，1998：3-18.

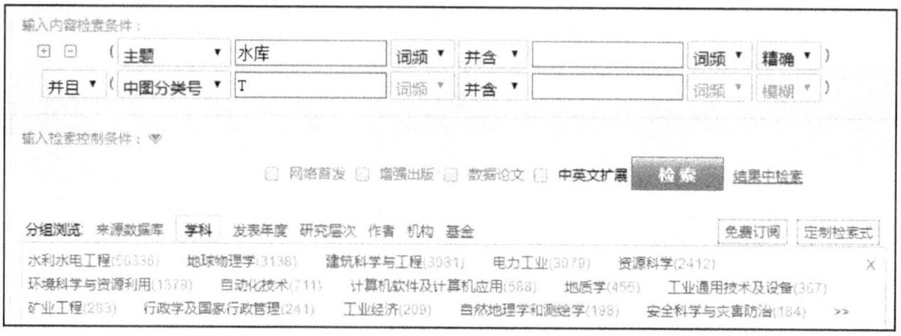

图 6-2 术语"水库"在工业技术类文献中的词频分布

从图6-2可以看出,术语"水库"的词频特征也非常明显,在水利工程类目中词频达6万多次,而在其他类目中词频都非常低,直观感觉有显著的差异。通过这样的例子可以看出,"设计"是一个通用概念,"水库"是一个属于TV类(水利工程)的专业概念。

虽然以上两个例子简单明了,但存在具体操作问题。在传统的主题词表编制中,概念的获取主要通过领域专家人工提供,耗时长,过度依赖领域专家个人隐性知识。虽然提供的概念本身是符合编制规范的,但不同人员可能会提供不同数量的概念,存在概念覆盖面是否全面的问题。通过统计关键词词频分布获取通用概念,不仅工作量大,而且同样存在阈值把握问题。例如,如果词频为渐变或等差数列式递减,没有显著差异,则如何判断?另外,关键词词频与不同类目下文献数量也有一定关系。假设万方数据中水利工程类文献收集比较少,可以推断关键词"水库"的词频也不会太高,而万方数据各类目下的文献数肯定是不一样的,所以基于词频分布获取会存在误差。

6.5.3 基于词频分布标准差的机器辅助获取方法

针对以上问题,可以使用机器辅助获取、消除词频误差的相对词频与标准差,获取通用概念。例如,使用万方数据学术论文库中工业技术大类下的文献说明该方法,该库基本采用《中国图书馆分类法》的分类体系,文献共分22个一级大类,一级大类工业技术下分16个二级大类[①]。选取1987—2009年所有学术论文文献,提取论文的关键词,经过去重、去掉低频关键词等数据清洗步骤,得到300多万个关键词,从这些词中随机抽取1万个关键词。为了探索一个概念通常情况下出现在几个类目中,统计了这1万个关键词在16个二级类目文献数据库中的词频分布情况,包括:关键词在各二级类目文献中的词频;在工业技术一级

---

① 中国图书馆分类法编辑委员会.中国图书馆分类法[M].北京:国家图书馆出版社,2010: 1-20.

类目下的总词频;计算了每个关键词以上两项统计值相除后的相对词频值;使用相对词频值,计算了每个关键词相对词频值在16个二级类目间的标准差。

理论上讲,关键词首先应该在16个二级类目文献中都有词频,这样的关键词通常是通用概念,提取到的在所有类目文献中都有关键词分布的词汇共有19个,基本上都属于通用概念或是工业技术中的专业通用概念,标准差比较小的"设计"(0.0697)、"优化"(0.0566)、"调节"(0.0509)等,都是典型的通用概念。随着标准差的增大,单个关键词虽然可以应用到所有文献中,但还是相对集中地出现在某一类文献中。例如,标准差为0.2121的"变压器",应该属于TM类(电工技术),标准差为0.1487的"可视化"应该属于TP类(自动化技术、计算机技术)。对于在15个类目中都有分布的关键词,同样可以使用标准差分布表,从小到大排序,截取标准差比较小的关键词,进行人工判断,选择常见的通用概念。例如,选出的"解决办法"(0.05)、"尺寸"(0.07)、"降温"(0.07)等关键词,也是非常典型的通用概念。同样方法还可以考虑在14个类目、13个类目等文献中分布的关键词,具体考虑到多少个类目为止,需要根据具体数据获取经验值,并在大规模数据中进行验证与评价。

依据标准差判定通用概念时,重点考察了关键词的均匀分布问题,总词频的特征没有很好地体现,如关键词"热传导"(0.0438)、"冲击力"(0.0529)的标准差非常小,但对应的总词频分别为253和68,远远小于"设计"的总词频21 252。从数据特征上看,在判断优质通用概念时,应该同时考虑标准差与总词频两方面的信息,才能将在多数类目中具有关键词分布的通用概念细分和分块考虑。借鉴管理学SWOT分析方法解决这个问题[①]。方法是制作关键词二维分布图,横坐标为总词频,纵坐标为标准差,依据关键词总体数据分布相对集中的区域给定分区模型,如图6-3所示。

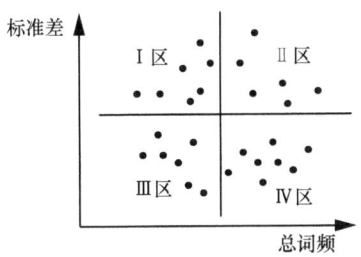

图6-3 通用概念词频与标准差模型

---

① 百度百科. SWOT分析法[EB/OL]. [2018-10-23]. https://baike.baidu.com/item/SWOT分析法/150223?fr=aladdin.

根据经验判断，图6-3基本假设为Ⅰ区、Ⅱ区偏向专业类，Ⅲ区、Ⅳ区偏向通用类。具体细分为：处于Ⅰ区的关键词总词频低、标准差高，属于概念专指度相对高的专业低频概念，如关键词"渗透"（628，0.1233）；处于Ⅱ区的关键词总词频高、标准差高，属于使用范围广但更集中，可以归入一个专业类的专业概念，如关键词"整流器"（4114，0.2121）；处于Ⅲ区的关键词总词频低、标准差低，属于概念专指度相对低，无法具体归类的低频通用概念，如关键词"水电"（253，0.0438）；处于Ⅳ区的关键词总词频高、标准差低，属于典型的通用概念，如关键词"模型"（21252，0.0697）等。

对15个类目、14个类目等关键词统计的具体数据进行观察，发现总体特征符合以上规律。如果作为工程项目，在大规模数据计算实践中，还需要进一步确定两个方面的指导值或经验值：①区分4个区交点的坐标点位置，而且不同的类目数，交点位置也是变动的；②关键词类目的适合数，如关键词在5～8个类目中分布时，是否还可以使用这样的方法进行判断。

6.5.4 通用概念与其他概念之间的区别与关系

（1）通用概念与概念应用广泛的区别

在知识组织体系的概念分类中，通常会涉及学科和主题问题，也涉及学科与应用问题。例如，本书统计的关键词"整流器"，普遍应用于所有工业技术中，但从分类角度看，放到TM类（电工技术）更合理。也就是说，如果从应用角度分，"整流器"可以是通用概念，但从学科角度分应该属于专业概念。最典型的例子是"计算机"。信息时代，计算机已经成为各行业普遍使用的工具，统计其作为文献的关键词词频，也会出现在所有分类文献中，但按学科分类，"计算机"这一概念还是应该放到TP类（自动化技术、计算机技术）更合适。也有一些概念，如"设计"，各学科都通用，无法具体归到某一个专业学科分类中，是典型的通用概念；而类似"计算机"这样的概念，只能说应用广泛，而不是通用概念，所以通用概念与概念应用广泛有着不同的含义。

（2）通用概念、专业通用概念、专业概念之间的关系

在数据处理中，通用概念与专业概念有时也不是泾渭分明的，在通用概念与专业概念间应该有一类词是专业通用概念，对应交点附近的那些语词。在传统的知识组织体系中，这种现象也是普遍存在的。原《汉表》的范畴类目①，除了一级大类"自然科学一般概念""社会科学一般概念"外，其他43个一级

---

① 中国科学技术情报研究所《汉语主题词表》自然科学部分维护组. 汉语主题词表: 自然科学(增订本)[M]. 北京: 科学技术文献出版社, 1991: 1-18.

大类下，也同时设置了大类下的一般概念，如一级大类"67机械工程"下设"67AA机械工程一般概念"，"69水利工程"下设"69A水利工程一般概念"；二级类"69B水文学"下设三级类"69BA水文学一般概念"，"地表水"是其一般概念。所以，在专业内为通用概念，在专业间又趋向于专业概念，这类专业通用概念还是普遍存在的。知识组织体系应该将这些概念进行明确区分，以有利于其分类与应用。

（3）通用概念选词范围由知识组织系统的应用目的决定

通常情况下，类似"技术""模型""研究""方法"等词汇属于典型的通用概念，这些词的特征为专指度低、检索意义不大，如用户检索文献时不会使用"研究"去检索。但通用概念在概念组配方面具有重要意义，如组成"问题研究""对策研究""经济研究""科学研究""理论研究"等先组概念，这些词多数也是通用概念。由于知识组织体系的应用不同，一些词也可以放到专业范畴内，如"经济问题"，可以放到经济类下作其专业通用概念，而不是与"研究""模型"等典型通用概念聚到一起。为了加强分类导航功能，新版《汉表》范畴表主要参考了《中国图书资料分类法》的分类体系，将时间、地区、民族、科学机构、科学理论等相关术语都认定为通用概念。所以，除了典型的通用概念外，还需要考虑获取那些偏向于某一专业的通用概念。

第7章 《汉语主题词表》概念关系构建

《汉表》中概念间语义关系主要包括等级关系、等同关系和相关关系，可继承传统词表的概念关系，并借助新的信息技术丰富概念关系数量和类型。同时，还要在关系构建过程及完成阶段，进行相应的逻辑检查，以保证关系的准确性和质量。

7.1 概念间语义关系的获取途径[①]

（1）对传统主题词表概念关系的继承

传统《汉表》具有相对丰富和可靠的概念关系，为编制新型《汉表》提供了良好的基础，需要最大限度地加以继承，保持《汉表》的系统性和稳定性；同时，要根据科技领域的最新进展，甄别和去除那些过时的词语或概念关系，并补充新的词语或概念，对概念关系进行局部调整和更新。要尽可能排除由于关系集成带来的关系不一致，甚至冲突的概念关系。需要通过《汉表》的统一计算机化表示形式、规范和技术接口，开发词表转换的适配器、跨词表的语义分析工具、规范化《汉表》的应用程序访问接口等，对概念关系集成后所形成的新的概念关系进行关系矛盾性、冲突性、一致性检查和梳理，继承重要的等级关系和相关关系。

（2）利用语义计算技术发现概念关系

新型《汉表》概念关系的构建，需要研究知识概念关系的形成、表达和演化，研究利用计算机或通过大规模语义计算进行概念关系发现的方法。使用候选词汇，统计每个词与其他词在文献中的共现频次，表现词汇概念同现关系信息；选取各专业相关的比较权威的专业文献，利用章、节各级标题间的上下位及同级结构，发现概念的树状结构关系；还可利用字面相似度、语义计算、关

[①] 曾建勋,常春,吴雯娜,等. 网络环境下新型《汉语主题词表》的构建[J]. 中国图书馆学报, 2011, 37(4): 43-49.

联规则等提供一些词汇概念的等级关系或相关关系的参考信息。最后，组织专业领域的专家队伍，按照《汉表》编制规则和标准，对概念的相互关系进行逐一思考和确认，区分并明确等级关系与相关关系，并进行相应关系的逻辑检查和修正。通过共现聚类发现概念间关系属性。网络环境下《汉表》语义关系的建立，可以充分利用海量数据库素材和上下文语境。语料库存放了大量真实使用的语言材料，提供了词语使用的语言环境，将这些概念放在语料库中进行两两组合，采用隐马尔可夫模型（HMM）统计其在语料库中的条件概率和共现频次。共现频次高，说明语义关系比较稳定；共现频次低，说明有可能出现新的语义关系或语义关系错误。量化的数据有利于提高语义关系判定的准确性并发现新的语义关系，使语义关系更为准确和丰富[1][2]。

（3）对多主题词表中概念关系的合并

随着通信技术、网络技术的飞速发展，数字资源以指数级增加，用户的上网检索行为主要为了通过网络获取信息，用户的需求从获取文献信息转变为获取更为精准的知识内容，这就引发了图书情报界近年来知识组织工具的重建、转化、映射、关联、合并等研究与应用[3]。《中国分类主题词表》就是分类法与主题词表一体化的成果[4]；美国乃至世界医学领域广泛使用的UMLS，就是将100多部医学领域的词表，通过一些规范的关系进行整合的代表[5]。诞生于20世纪60年代的主题词表，以概念为单位，具有规范、简明的语义关系，在传统信息组织中，大大提高了文献的信息组织与信息检索能力[6]。在当今网络环境下，主题词表也在随着时代的发展进行相应的发展和变革，其中一个趋势就是不同的主题词表进行合并和融合，以集成规模更大的知识组织工具，或者形成概念更加全面的知识组织体系[7]。主题词表的整合、映射等涉及语义关系的合并。

7.2 概念间语义关系的发现方法

7.2.1 基于共现发现语义关系[1]

将科技论文中的高频次关键词通过人工干预确定为学科领域的基本概念，

---

① 常春, 赖院根. 基于文献标题词汇共现获取词间关系研究[J]. 图书情报工作, 2009, 53(8): 17-20.
② 常春, 吴雯娜, 曾建勋. 基于后方一致获取词间关系[J]. 情报科学, 2009(7): 1085-1088.
③ 曾建勋, 常春. 网络时代叙词表的编制与应用[J]. 图书情报工作, 2009, 53(8): 8-11.
④ 国家图书馆《中国图书馆分类法》编辑委员会. 中国分类主题词表[M]. 2版. 北京: 北京图书馆出版社, 2005.
⑤ UMLS[EB/OL]. [2018-10-26]. http://www.nlm.nih.gov/research/umls.
⑥ 马张华. 信息组织[M]. 北京: 清华大学出版社, 2009.
⑦ 常春. 数字环境下叙词表的发展及应用展望[J]. 情报理论与实践, 2009, 32(12): 48-50.

将这些概念两两组合，通过程序统计在所有核心科技期刊标题中的共现频次和共现率，通过词频、共现频次、共现率等信息，可以为领域专家和信息组织科技工作者提供基于巨型文献数据库的概念间关系依据，既可以为确定语义关系提供线索和范围，又大大减轻了人工干预的工作量，避免了完全依靠领域专家个人隐性知识确定语义关系的缺陷，为加快《汉表》编制奠定了坚实的基础。通过高频关键词在标题中的词频统计、共现次数统计及共现率统计分析可以发现以下一些特征，这些特征为确定语义关系提供了文献依据，具有指导作用。

（1）通过控制共现率可以帮助人工确定语义关系

通过共现率高低及相应的组合概念可以发现，共现率越高语义关系越专一，共现率越低语义关系越泛化，甚至没有关系。基于关系组合的数量及可以提供的人工干预，确定一个共现率范围，再进行人工确定语义关系，既可以大大减少需要人工判断的组合，又可以帮助领域专家快速确定语义关系的范围和内涵。

（2）通过单边高频组合词可以确定一些公共概念

对于共现率比较低但其中一个词的词频又特别高的组合，虽然在《汉表》中对关系确定没有多大作用，但这类组合可以帮助科学工作者发现大量的公共概念，可以将这些概念集中编排，确定相互关系，编制通用概念。词频高，共现频次也比较高，可是共现率却非常低，具有这些特点的概念都可以作为《汉表》的外围词，或者作为公共用词，以副表的方式编排。

（3）通过共现词汇在标题中的位置特征析出相应语义关系

对于共现率和共现频次都比较高的概念组合，可以浏览相应的共现词汇在标题中的位置，通过词汇位置的共同特征，可以析出一些特定的语义关系。根据人工干预的力度，针对那些高共现频次、高共现率的组合，探究它们在标题中共现的共性位置特点，往往可以获得一些特定的语义关系，可以丰富《汉表》的等级关系或相关关系，更有利于发现本体概念间更加复杂的语义关系。

词汇共现方法存在的局限性体现在3个方面：首先是关键词内切词问题。理论上在关键词内存在切词问题，从而对词频共现统计造成一定的误差。事实上，目前数据库提供的精确检索已经避免了将关键词自身拆分。所以，专业概念在科技文献标题中的切词问题并不严重，统计结果仍然具有参考意义。其次是包含关系关键词切词问题。统计标题中词汇共现，需要重点排除一些包含关系的单字词概念共现词频噪声现象。对于这种情况，我们的观点是最后通过人工干预确定这些组合具体的语义关系。所以对于具有包含关系的单字词共现组合，需要人工干预来判定具体的语义关系。最后是关键词重叠的切词问题。对于通过共现率、共现频次统计推荐的具有潜在语义关系的组合，需要具体人工浏览和分析相应的标题信息，才能具体确定真实的语义关系，排除可能存在的切词问题。对于这样的问题，在所有文献的关键词字段中直接统计文献关键词共现，理论上可以避免这样的切词问题。

7.2.2 基于后方一致发现语义关系[①]

"后方一致"是一种常用的信息检索技术，属于截词检索，其方法是将截词符放在词根前面，实现检索和汇聚含有相同词尾复合词概念的信息。对于由词或词组形成的术语或概念，通过后方一致，可以将具有相同结尾的术语进行汇聚。凡是含有相同构词成分的术语之间，多数情况下都具有某种语义关系。根据这种特征，可以使用后方一致的功能，由机器将相关概念汇聚，再由领域知识专家参与，对汇聚概念进行分类和定义，剔除无关概念，建立相关概念间的语义关系，实现知识系统的构建。下面以水利水电领域为例，介绍基于后方一致发现语义关系的方法。

（1）语义关系的批量发现

通过后方一致功能，统计含有相同词尾的术语数，如"水电站（154）""水库（139）""区（137）""河（118）""坝（104）""流域（71）""县（61）"等。可以发现大量的"概念"与"实例"之间的语义关系。例如，"水库"与大量的各种具体名称水库之间的关系；常见的语义关系属于规模属性方面的关系，如"水库"与"小型水库""中型水库""大型水库""中小型水库""大中型水库"等概念间的语义关系；地理环境属性相关的语义关系，如"水库"与"地下水库""平原水库""梯级水库"等概念间的语义关系；特征或功能方面的语义关系，如"水库"与"病险水库""上水库""滞洪水库"等概念间的语义关系。以上语义关系可以直接应用到《汉表》的构建中。

（2）概念从大到小语义关系的发现

一些概念（如"卷材"）可以作为词尾构词成分，使用后方一致将以"卷材"结尾的概念进行逆序轮排汇聚，可以发现以下特点或规律，即可以将"卷材"作为一个族首词，使用演绎法，概念从大到小逐级发现相应的概念。例如，"卷材"往下可以发现"沥青卷材""改性沥青卷材""SBS改性沥青卷材"等，也可以在"卷材"下演绎出"防水卷材""沥青防水卷材""改性沥青防水卷材""SBS改性沥青防水卷材"等，或者是从化学成分组成演绎为"高分子卷材""高分子防水卷材""PVC卷材"等。通过以上演绎法，可以将"卷材"按

---

① 常春,吴雯娜,曾建勋.基于后方一致获取词间关系[J].情报科学,2009(7):1085-1088.

功能从大到小、从主干到分枝关联汇聚为一棵"卷材树"。

（3）概念从小到大语义关系发现

通过统计专业术语，有一些概念的结尾构词为"法""工程""工艺"等，使用后方一致将这些词进行会聚，发现这些概念可以分成不同的小组，每组向上可以归纳到一个族首词下，形成不同的"树"，这种语义关系建立方法属于归纳法。以单字"法"结尾的概念术语词频统计，可以发现，一类为与水利相关的法律，而且可以形成树状的概念等级关系。例如，从"水土保持法"到"水利法"再到"水法"，而且也存在等同关系，如"水土保持法"与"水保法"相同，"水保执法""水政执法"可以归纳到"水利执法"下，"水政执法"等同于"水行政执法"；"GIN灌浆法""GIN法"可以归纳到"灌浆方法"下；"马斯京根法""水量平衡法""落差指数法""适线法""流速仪法"可以归纳到"水流测试方法"下；"振动水冲法""射水法"等可以归纳到"防渗加固方法"下。进一步观测可以发现，只要是逆序后方一致轮排的术语，多数可以通过归纳法找到一些语义关系。

（4）概念指引聚集相关概念

一些类似于动名词的概念，如"开挖""加固""灌浆""防渗""灌溉"等，以这些词结尾构成的术语概念，其组词成分常常具有某种关系，如部分与整体关系等。例如，以"开挖"结尾后方一致概念术语及词频，通过"开挖"前面的构词成分分析，可以将水电站、水库、大坝等结构名称聚到一起，这些概念有"隧洞""坝基""边坡""洞室""竖井""高边坡""坝肩""地下厂房""斜井""岩台""基槽""趾板""导井"等，在水利水电领域专家的参与下，可以将这些概念按照水利水电工程设施结构特征建立相应的概念关系，动名词性质的"开挖"术语通过后方一致起到了相关概念的会聚作用，为领域专家建立语义关系起到了辅助作用。

对基于后方一致发现语义关系可以进行优化，来提高所发现语义关系的质量和数量。首先是扩大统计词汇规模，可获得更多的语义关系。如果扩大后方一致统计范围，将会发现更多的可用语义关系。具体统计多少词汇，与以下几个方面直接相关，包括构建语义关系的目的、领域专家的参与程度及规模、构建知识系统的时间要求。多大的数据统计数量更加科学，既可以覆盖学科专业领域，又节约人力成本，需要进一步探索和分析。其次是与其他发现语义关系方法结合应用。通过后方一致促进语义关系的建立，只是建立语义关系的方法之一，在实际工作中，应该是多种方法综合应用，如可以考虑前方一致及概念在文献标题中共现频次等不同渠道获得语义关系。最后是各类方法的相对性。

基于后方一致的4种方法具有相对性。例如，第一种方法主要可以获得大量的概念与实例之间的关系，但在统计中也会有归纳和演绎的成分。在演绎法中，向下的分枝也是相对的，如"沥青卷材""防水卷材""防水沥青卷材"，在向下演绎中会出现概念交叉现象，成为整体纵向的网状结构，向上考虑就是归纳法，向下考虑就是演绎法，只决定于从哪个位置的概念出发去描述。

7.2.3 基于知识链接发现语义关系[①]

语义关系是《汉表》检索的优势，通过语义关系的表达，不仅使《汉表》成为一个知识体系，更重要的是通过语义关系可以获取更多的具有知识关联的文献信息。这样，如何发现能够表达概念间真实的关系，或者能够提供更多的语义关系就变得至关重要。

（1）通过用户词汇组合检索日志发现语义关系

用户在使用自由词进行检索时，往往会自发使用一些词汇组合，用于缩小搜索结果。例如，使用谷歌或百度搜索引擎，每增加一个检索词，检索结果就得到相应的缩小，通过这种方法往往可以找到用户最相关的信息。通过与这些机构协作，调用用户检索日志中使用的词汇组合，经过组合频率加权等方法，在领域专家的参与下，提取符合文献知识链接的语义关系，将是发现《汉表》语义关系的另一条重要途径。即使无法直接获取用户日志中的组合检索用词，也可以使用现有词汇引导出大量的用户检索用词组合，如图7-1所示。在谷歌检索框中输入"图书馆"，再录入一个空格，则会显示出已经发生过的高频组合检索结果。从这些组合中可以发现一些重要的相关关系，这些关系既有数字资源语料基础，又有用户检索用词信息，从中发现的语义关系更重要。

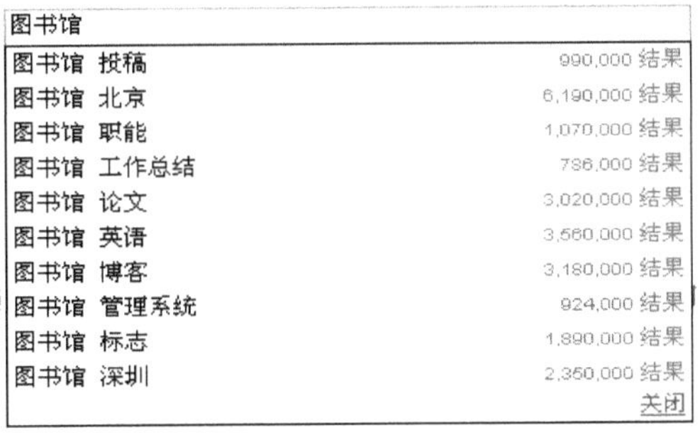

图7-1 用户使用的高频组合词汇检索

[①] 常春. 数字资源知识组织功能中叙词表应进行的变革[C]//图书情报工作杂志社、图书情报工作研究会学术研讨会, 2009.

（2）使用大型网络文献库信息发现语义关系

使用CNKI或万方数据提供的同义词或相关检索词，可以丰富专业术语词汇。具体办法是分别输入已经获取的每个专业词汇，在期刊全文数据库下检索，CNKI提供了用户常用的相似词或参项。在领域专家的协助下，可以从以上提示中获取大量的相关术语。例如，"黄河口""黄河治理""长江""防汛""冲积平原""中华民族"等，而且可以进一步确定可用的语义关系。这些语义关系都有巨型文献信息的支持，更能体现具体数据之间的关系。

7.3 等级关系构建

等级关系亦称属分关系。等级关系是反映概念包含关系的一种手段。构建等级关系的目的是为满足文献标引与情报检索中族性检索的需要。等级关系参照符号有"S"（属）、"F"（分）和"Z"（族）。"S"指引到概念的直接上位概念；"F"指引到概念的直接下位概念；"Z"指引到族首词。等级关系类型分为两种类型，即属种关系、整体与部分关系。

7.3.1 属种关系

属种关系是等级关系的主要类型。构成属种关系的两个概念必须满足"全部是—部分是"的逻辑限定，即下位概念全部属于上位概念，而上位概念部分是下位概念，示例如下：

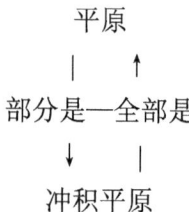

上例中，下位概念"冲积平原"全部是"平原"，而上位概念"平原"中只有部分是"冲积平原"，"平原"和"冲积平原"构成属种关系。凡是不符合这个逻辑限定的两个概念不能构成属种关系。

7.3.2 整体与部分关系

事物的整体与部分之间在概念的外延上不存在包含关系，因而一般不构成等级关系。但在某些特殊情况下，为满足族性检索的需要，有几种特定的整体与部分关系可以作为等级关系处理。

①在空间上具有的唯一性的地理区域、行政区划之间的包含关系，如"北京市"和"海淀区"。

②生物体的系统与器官之间，如"心脏"和"心血管系统"。

以上示例的概念之间虽然在外延上不存在包含关系，但在空间结构上存在唯一性的包含关系。例如，"海淀区"完全被包含于"北京市"中，"心脏"只能是"心血管系统"的一个组成部分，这种空间上的包含关系具有唯一性。在《汉表》中，这类整体与部分关系可表现为等级关系。但一些不具有唯一性的整体与部分关系在《汉表》中不能表现为等级关系，如"发动机"和"汽车"。"发动机"可以是"汽车"的组成部分，也可以是"飞机"的组成部分，"发动机"和"汽车"在空间上的包含关系不具有唯一性，因此，"发动机"与"汽车"之间不能建立等级关系。

7.3.3 多属

多属即概念具有多个直接上位概念的现象，如"介孔碳材料"既属于"介孔材料"又属于"碳材料"。多属现象的产生是因为概念具有多个分面，有着多重属性，上例中的"介孔碳材料"，从材料的组织结构上看具有"介孔"的特征，从化学成分上看是由"碳"构成的，因此，可以从两个角度去构建等级关系。在构建概念的等级关系时，应注意分析概念的属性特征，完整全面地反映概念的从属关系。

7.3.4 族首词与词族规模

族首词可以是某一学科专业内能形成独立专题或某专题中主要研究对象、研究方法及设备仪器等的类称词。选择的族首词应具有比较明确的内涵和外延，尽量避免选择概念外延过于宽泛的词汇作为族首词。如果词族的概念外延过于宽泛，概念之间的差异很大，这种族性关系没有价值。

7.4 等同关系构建

在《汉表》中，一个概念可能对应一条或多条术语，如"马铃薯"与"土豆"，"碳酸钠""纯碱"与"苏打"，"乙醇"与"无水酒精"等。表达一个概念的若干词汇构成词群。通过等同关系把使用不同词语的相同或相近主题的文献信息聚集在一起，防止分散，从而提高文献信息的检全率。《汉表》使用"Y"（用）、"D"（代）指引符号来表示优选词与非优选词之间的等同关系。优选词以"D"指向其对应的非优选词；反之，非优选词以"Y"指向其对应的优选词。

7.4.1 等同关系的类型

等同关系的类型包括完全同义词、准同义词、部分反义词和部分相关词。

（1）完全同义词

一般同义词，选择使用频次较高的词作优选词。不同译名之间，一般选择意译名为优选词。都为音译名时，选择使用频次较高的词作为优选词。全称与简称之间，一般选择全称作优选词，但当简称更为通行且含义清晰时，也可考虑选择简称作优选词。旧称与新称之间，选择新称作优选词。俗称与学名之间，选择学名作优选词。中文名与外文缩写词之间，选择中文名作优选词。别名与产品型号名之间，一般选择产品的型号加通称作优选词。当一个汉字有简体、繁体、异体等字体形式时，应选择通行的标准字体作优选词。如汉字有多种写法时，应选择使用较广泛或有权威性规定的写法作优选词。

（2）准同义词

准同义词词义接近而不完全等同，但其表述的文献信息主题基本一致，可将它们作为等同关系来处理，以免文献信息分散。准同义词之间一般选择较为概括、通用的词作优选词。

（3）部分反义词

某些反义词的词义相反，但其表述的文献信息主题基本一致，可将它们作为等同关系来处理，以免文献信息分散。反义词之间一般选择表示正面含义的词作优选词，但也有例外，主要视其侧重点而定。

（4）部分相关词

某些相关词词义不同，但其表述的文献信息主题基本一致，可将它们作为等同关系来处理，以免文献信息分散。相关词之间一般选择较为通用的词作优选词。

（5）过于专指的下位概念与其上位概念之间

某些过于专指的下位概念对应的文献很少，不具备太大的检索意义，可与其上位概念作等同关系处理。这种情况下必须使用上位词作优选词。

概念的优选表达形式应尽量一致，即一旦选择某词形作为优选形式表达某概念时，应尽量采用该词形作为其他概念的优选表达形式，以保证概念表达的一致性。

7.4.2 等同关系的发现方法[①]

《汉表》中的等同关系是自然语言处理、信息检索、机器翻译等许多重要研究领域和应用系统的重要资源。但目前实际应用中等同关系的发现和识别主要依赖人工方式，人工代价高昂、费时费力，而且容易受个人知识的限制，难以保证构建的准确性和全面性。等同关系的自动发现虽然还无法完全取代人工方式，但作为一种重要的辅助手段，可以大大提高同义术语集的构建质量和效率。

（1）基于语法模式自学习的等同关系发现

自学习方法以自动的方式从互联网中学习新的语法模式和语法模式的权重。在系统实现中使用百度搜索引擎作为语法模式的获取来源，基本思想是向搜索引擎提交等同关系术语样例，从结果页面里的各记录片段中抽取语法模式。例如，使用百度检索等同关系样例（"计算机"和"电脑"），从其中的结果记录中识别包含"计算机"和"电脑"的分句，进一步根据两个同义术语在句子中的位置将语法模式的初步形式"A又叫作B"抽取出来。

《汉表》采用了一种同义术语语法模式自学习的迭代流程。首先从等同关系样例库中取出一对等同关系的术语，利用搜索引擎等进行检索，从检索结果中通过简单的文本分析抽取出语法模式，并放入语法模式库中。初始的等同关系术语样例库由专家人工构建，规模较小，有必要扩大等同关系术语样例库的规模，以便抽取到更多的语法模式。因此，在利用等同关系术语样例抽取语法模式的同时，还要利用抽取到的语法模式抽取等同关系的术语，选择准确性高的语法模式进行抽取，将抽取到的等同关系术语选取部分作为样例加入样例库。语法模式的准确性定义为用该语法模式抽取到的准确等同关系术语对数量占总数量的比例。实际上，用于发现同义术语的语法模式是有限的，自学习的迭代过程中当语法模式的数量不再增加时，就可以停止迭代过程。

（2）面向在线同义词典检索接口的动态抽取

互联网中可在线访问的具有等同关系术语检索功能的词典越来越多，包含了不同类别丰富的等同关系术语的资源。但在线同义词典中的等同关系术语资源存放在后台的数据库中，无法直接获取，必须向词典的检索接口提交词汇，词典根据该词汇动态生成包含同义术语的检索结果页面。采用Web数据抽取技术为每个在线同义词典分别自动生成等同关系术语抽取器（Wrapper）。生成抽取器需要一个或多个标注好的页面，即等同关系的术语在页面中出现的位置。

[①] 刘伟，黄小江，万小军，等. 互联网环境下的英文同义术语自动发现研究与系统实现[J]. 图书情报工作，2012, 56(22): 26-31.

使用等同关系的术语样例库来自动获取标注页面。

由于不同在线同义词典使用不同的页面模板，因此需要为每个在线同义词典分别生成抽取器，不过抽取器的生成过程是完全自动的，不需要任何人工代价。为了从在线同义词典中获取更多的等同关系术语，可以预先准备一个尽可能大的词汇列表，将列表中的词汇依次检索，将它们的等同关系术语再形成一个列表并保存在本地，这样就提高了在线同义词典的资源利用效率。

（3）面向同义术语分类的静态爬取

一些在线同义词典除了提供基于检索接口的等同关系术语获取方式外，还提供了按字顺或学科领域的分类导航获取方式。这种方式将词典中所有的等同关系术语都呈现在静态页面中，如果能够将展现等同关系术语的静态页面爬取到本地，就可以利用Web数据抽取技术把页面中的等同关系术语抽取出来。

从网页的链接关系来看，分类导航实际上是一个层次化的树状结构，即总分类→子分类→……→详细信息。要爬取的等同关系术语页面位于树状结构中的各个叶节点上，因此要从树状结构的顶点（总分类）开始，逐级向下，直到最底层的叶节点（等同关系术语页面）。为了达到这个目的，采用了特定语义文本块的自动识别技术，基于经典的C4.5算法，学习要识别语义块的多种特征，最终训练得到分类树形式的语义块识别器。对网页中特定语义文本块的识别已经有了不少相关的研究，如标题的识别[1]和网络新闻发布日期的识别[2]等，其基本思想是利用要识别语义文本块的一种或多种特征，通过学习训练得到识别器。利用识别器将等同关系术语分类语义文本块识别出来后，爬取各分类链接指向的下一级分类页面，再识别其中的分类语义文本块，这样直到爬取到最底层的等同关系术语页面。在爬取到等同关系术语页面后，就可以使用Web数据抽取技术，将其中的等同关系术语抽取出来。

7.5 相关关系构建[3]

相关关系是指概念之间存在的除等级关系之外比较密切的关系[4]，表现为语义或概念上的相关。相关关系的表示方式是为概念设立参项，《汉表》相关参

---

[1] XUE Y W, HU Y H, XIN G M. Web page title extraction and its application[J]. Information processing & management, 2007, 43(5): 1332–1347.
[2] LU Y Y, MENG W Y, ZHANG W J. Automatic extraction of publication time from news search results[C]// Proceedings of 22nd International Conference on Data Engineering Workshops, 2006: 50–55.
[3] 袁旭, 常春. 面向构建的叙词表相关关系获取途径研究[J]. 情报科学, 2013(1): 68–72.
[4] 曹树金, 罗春荣. 信息组织的分类法与主题法[M]. 北京:书目文献出版社, 2000.

照用"C"作指引符号,英文主题词表相关参照用"RT"(Related Term)作指引符号。国际标准ISO 2788—1986《单语种叙词表编制规则》的定义为"两个概念之间存在除等同关系、等级关系外的密切关联和联想关系";国家标准GB 13190—91《汉语叙词表编制规则》则将其定义为"概念之间属分以外的相关关系";教材《信息组织》则认为相关关系"是指概念之间除等同关系、等级关系之外的比较密切的关系"。从现有主题词表、其他知识组织体系、检索数据库和领域专家及用户推荐4个发现途径可以构建《汉表》的相关关系。具体表现为:对于现有主题词表,考虑到它的继承性,可以从中借鉴较为成熟的相关关系;对于分类主题词表、百科全书(含辞典)和分类法等知识组织体系,可以根据其中词汇或类目间的关系,判断并发现相关关系;检索数据库具有扩展检索和语义联想功能,可以从其推荐的参项中筛选进而建立相关关系;专家和用户推荐的相关关系往往比较具体、针对性较强,成为相关关系构建不可忽视的一条途径。在构建的过程中注意完善概念的参照系统,对概念及其相关关系的粒度进行合理选择,并对构建效果实施实时检验,这样可以较为全面地继承、发现和挖掘概念间的相关关系。

7.5.1 从现有主题词表中借鉴相关关系

(1)《联合国教科文组织叙词表》(图书馆学情报学部分)

因为《联合国教科文组织叙词表》(图书馆学情报学部分)(以下简称《Unesco主题词表》)"编制有着雄厚的理论基础,具有较高的质量","非图书馆学、情报学专业的术语一律不予收录",所以该表对构建图书馆学情报学领域主题词表的相关关系具有较大的参考价值。该表共收录图书馆学情报学领域1187个词。经统计,有参项的共553个词,参项数、对应词数及词数比如表7-1所示。

表7-1 《Unesco叙词表》参项分析

参项数	词数	词数比	参项数	词数	词数比	参项数	词数	词数比
1	215	18.1%	6	17	1.4%	11	3	0.3%
2	141	11.9%	7	11	0.9%	12	2	0.2%
3	82	6.9%	8	5	0.4%	13	1	0.1%
4	42	3.5%	9	3	0.3%	14	1	0.1%
5	26	2.2%	10	3	0.3%	15	1	0.1%

从表 7-1 的数据可以看出，词数及词数比随着参项数的增加而减少，也就是说，参项越多，其对应的词就越少；具体地，没有参项的词占总词量的 1/2 强，参项数为 1、2 和 3 的词占总词量的 1/3 强，而参项数为 4 及以上的词占不到总词量的 1/10。

构建概念间相关关系时，尽量与高相关度概念及专指概念建立相关参照，"情报"可与"情报传递""情报资料""情报利用"建立相关参照，此外，"情报"应当与"情报学"建立相关关系。"图书学"可与"书目"建立相关参照，还应当与"图书"建立相关关系。"图书馆馆址"可与"图书馆位置"建立相关参照，还应当与"图书馆建筑"建立相关关系。与更加专指的下位概念建立相关关系，可以避免一个概念同时与具有等级关系的两个或多个概念建立相关参照的情况。"文献保藏"是"文献保管"的分项，所以"文献存储"不应同时与分项"文献保藏"和分项"文献保管"建立相关关系，而是只与"文献保藏"建立相关关系。

（2）《情报学主题词表》

该表由 *Thesaurus of Information Science Terminology*（编者为 Schuhz C., Scarecrow Press 1978 年出版）翻译而来，共收词 1124 个，词量与《Unesco 叙词表》相当。但部分所收词汇不专指图书馆学情报学领域，如"巴西""中国""发展趋势""发展现状"等。相比《Unesco 叙词表》，该表语义关系揭示比较粗糙、参照度小，几乎没有给出专指领域词的参项，仅仅给出了一些通用词的参项，如"统计分析"（有参项 62 项）、"影响因素"（有参项 4 项）等。虽然表中可供参考利用的相关关系少，但是表中部分不够确切的用代关系，可以改造为相关关系，如"信息服务"有代项"信息工作""情报工作""情报服务"，"信息服务""情报服务"可以分别与"情报工作""情报需求"建立相关关系；部分不合适的用代关系可以用来建立相关关系，如"编目程序"有代项"编目软件"，但是两者用代关系不明显，可以将两者建立起相关参照，也可以将"编目程序""编目软件"与"编目"建立相关参照。

7.5.2 从其他知识组织体系扩充相关关系

除了立足现有概念表发掘概念间相关关系外，还可以通过本领域其他知识组织体系辅助构建，主要有分类主题词表、百科全书（含辞典）和分类法等。

（1）分类主题词表

1）《中国分类主题词表》

《中国分类主题词表》将图书馆学、图书馆事业和情报学、情报工作分别

第7章 《汉语主题词表》概念关系构建

设在 G25 和 G35 下。例如,"分类目录"有参项"目录组织",可以将两者建立相关关系;又如,"分类号"有参项"八分法""标记符号""标记制度""分类表""分类法""分类体系""借号法""类目",其中作为具体实例的"八分法""借号法"可作为"分类号"的分项,其他均可与"分类号"建立相关参照;进一步,"分类号""标记制度""分类表""分类法""分类体系""类目"均可与"标记符号"建立相关关系。

2)《社会科学检索词表》

该表是一部专供社会科学资料标引和检索的工具书,是一部由主题表和分类表合二为一的分类主题一体化类型的分面检索词表。图书馆学在PQ类,情报学在PR类。可以看到,表中设为参项的概念比重较大,但参照过于上位和笼统,在参考使用时注意筛选。例如,"书目控制"有参项"采编工作""情报控制论",可以用来补充为"书目控制"的参项;"情报用户"有参项"读者心理学""图书馆读者",可以补充为"情报用户"的参项。该词表也将相关研究者列入参项中,如"链式索引"有参项"阮冈纳赞,S.R.",比较适用。

(2)百科全书

1)《新编图书馆学情报学辞典》

鉴于它是一部以图书馆学和情报学为主的百科辞典,所以在构建相关关系上至少有两点帮助:第一,给出了领域词汇比较权威的词义界定,为编表者提供词义参考;第二,可以在词汇的释义里发现参项,与获取概念作对照补充。例如,"缩微卡片"定义为"一种二进制编码数据卡片,其记录密度大于穿孔卡片,可用光学或磁学方法由机器读出所记录的数据",对应到"缩微卡片",可以为其建立参项"穿孔卡片"。

2)《中国情报学百科全书》

在发现概念间相关关系上,《中国情报学百科全书》除了拥有《新编图书馆学情报学辞典》的功能外,还突出地表现在它的条目分类目录上。该目录以等级关系和相关关系组织情报学领域词汇。例如,"知识经济"被列为"信息经济"的下位类,而两者间可以建立相关关系;又如,"文献计量学"和"科学计量学"并列作为"应用情报学"的下位类,两者可以建立相关关系。

3)维基百科

维基百科(Wikipedia)号称"人人可编辑的自由百科全书",虽然其内容未必十分权威,但它很好地适应了网络环境下信息组织和利用的需要,也代表了信息组织体系发展的一个方向,其对条目的释义具有参考价值。例如,对于"书目控制"一词,在其内涵部分解释到"书目控制与书目组织(Bibliographic

Organization）常被交替使用。两者意义虽然相似，但严格而言，前者强调的是经由一系列的运作以产生各资讯的目录；后者则着重于书目的排列、结构、制作、检索方法，以及书目专家的教育等方面"。可见，"书目组织"可与"书目控制"建立相关关系；在其"需求要见"（为达到书目控制的目的而应具备的基本要求）部分第三条提到"书目著录""编目规则""主题分析""机读编目格式"等，那么，"编目规则""主题分析""机读编目格式"可与"书目控制"建立相关参照。另外，其"see also"功能可用于揭示相关关系，如"书目索引"see also"书目数据库""引用索引"等。

（3）分类法

1）《中国图书馆分类法（第五版）》

该分类法的"参见"功能对于《汉表》相关关系的构建具有参考价值。例如，"G254.362 计算机编目"参见"G254.341 集中编目、合作编目"，可以将"计算机编目"与"集中编目""合作编目"分别建立相关参照。

2）《汉语主题词表（社会科学卷）》

从该表的范畴索引可以看到，图书馆学和情报学分散在"07"大类里，有"07D版本学""07E图书学""07G图书、情报检索法""07H图书、情报工作用品、设备和文献复制"等。例如，表中"图书学"有参项"版本""图书"，可以考虑将"版本"与"图书学"建立相关参照。

7.5.3 从"相关搜索"中获取相关关系

从当前检索数据库的"相关搜索"，可以借鉴建立词表的相关关系。

（1）搜索引擎

百度和谷歌等搜索引擎都具有"相关搜索"功能，以"题名标引"为例进行检索，获得"主题标引"等10个检索词，将其中的"主题标引""文献标引"分别与"题名标引"建立相关关系，具体分析结果如图7-2和表7-2所示。

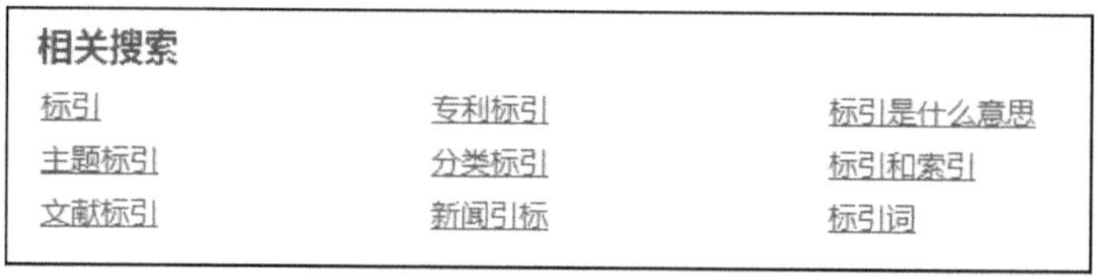

图 7-2 百度对"题名标引"的相关搜索

表7-2　百度对"题名标引"进行相关搜索的结果分析

语义关系	相关搜索词	是否添加为参项	备注
语义包含	主题标引	是	进行题名标引时，需要使用优选词对题名进行标引
语义交叉	自动标引	是	无
语义上位	文献标引、信息标引	否	可设为上位类
实例扩展	公文主题标引	否	作为"主题标引"的下位类
非词	如何标引公文主题	否	是一个句子
模糊语义下位	如何标引公文主题档案分类标引规则	否	组配层次过多，不作为概念对待
与分项等同	文献主题标引	否	可与"主题标引"建立等同关系

（2）学术数据库

CNKI的"当前检索词的相似/关词"和万方数据的"相关检索词"等同样具有"相关搜索"功能，仍以"题名标引"为例说明。使用巨型网络数据库信息可以提取语义关系，经过人工筛选，可以从其推荐的相似词和参项中得出参项"书名著录"，如图7-3所示。

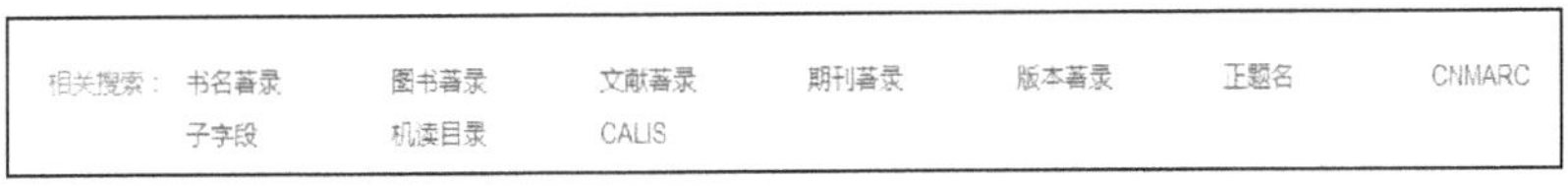

图 7-3　CNKI 对"题名标引"的"相关搜索"

从检索结果（图7-4）来看，万方数据"相关搜索"的推荐词较为宽泛。但是这些推荐词由海量语料库抽取而来，针对具体的检索词，对其相关关系的发现依然具有一定的参考价值。

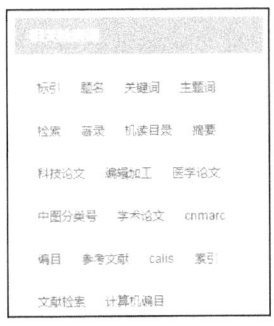

图 7-4　万方数据对"题名标引"的相关搜索

7.5.4 人工推荐获取相关关系

以上 3 种构建《汉表》相关关系的途径都是编表人员主动完成的，只是在必要时咨询领域专家和用户，而要从专家和用户推荐的角度获取相关关系，则要求《汉表》的编制具有包容性和友好性。所谓包容性是指《汉表》的编制和维护允许非编表人员的介入，形成与他们的互动，从而吸引和吸收大众智慧参与相关关系的构建；所谓友好性就是编表人员要为专家和用户提供进言献策的途径，保证他们的智慧得以顺利付诸实施。

领域专家的推荐多属隐性相关关系，一般从显性途径较难获得，因而他们的建议比较宝贵。用户推荐与专家推荐从本质上是相同的，只是在领域内权威性和知名度不及专家，因为他们在科研一线，所以推荐的相关关系往往比较实用，如揭示新事物"农家书屋"与"农村图书馆"的相关关系。

7.5.5 相关关系构建时需要考虑的因素

（1）相关关系质量的评估

可从以下 3 个方面对构建效果加以分析和评估：第一，是否遵循了《汉表》的固有机制，即《汉表》的等级和水平编制机制；第二，是否遵循了文献保证原则，即是否促进和保证了文献可检；第三，是否遵循了用户保证原则，即是否确保了用户的检索需求得到满足。遵循《汉表》的固有机制，就是要使词表中的等级关系、等同关系和相关关系逻辑合理、脉络清晰，保证构建的相关关系既不扰乱表中的等级关系和等同关系，又能充分地揭示和完善自身，通过人工比对和筛选控制，可以起到不错的效果。相关关系的构建，一方面从词表等知识组织体系中提取，这些相关关系本来就遵循了一定的学科发展规律；另一方面从海量检索数据库中提取，这些是对网络资源进行了一定程度组织的结果，从而遵循了文献保证原则。对用户的考虑，从理论上说，满足了文献保证原则也就保证了用户的检索需求，对文献揭示得越细腻，用户的需求也就满足得越到位；结合专家推荐和用户推荐，满足用户有深度、有广度的信息需求。

（2）概念树中的上下文环境

如果不是无关联概念，那么它就拥有自己的参照系统。在拥有参项的同时，总是会有用项、代项、属项和分项中的一项或几项，即拥有等级关系和等同关系。所以，构建相关关系必须考虑到这两种关系，以充实概念的参照系统。一般的处理方法是在建立相关关系之前，先把等级关系和等同关系建立起来，然后在等级框架下构建相关关系。使用这种方式构建相关关系时需要遵循一些处理原则。当然,相关关系的构建与等级关系和等同关系的建立不是机械地割裂开的,而是彼此渗透、相互促进的,在等级关系和等同关系的建立过程中就可以考虑建立一些相关关系,而在相关关系的构建过程中也可以补充一些等级关系和等同关系,从而不断完善《汉表》的概念间关系。

（3）粒度

从知识的表现形式来看,知识是有粒度的。概念、术语也有粒度,外延宽且内涵窄的通用词粒度粗,外延窄且内涵宽的专指词粒度细。

专业主题词表的概念通常为外延窄且内涵宽的专指词,其粒度较细。构建图书馆学和情报学领域主题词表概念间的相关关系,考虑到网络环境存取便捷的特点,从而尽力揭示概念间相关关系、扩充概念参项,努力满足用户的检索需求,使建成的主题词表相关关系被揭示得专指而到位,所以也可以赋予专业主题词表概念间相关关系粒度的属性,并且其粒度较细。

前文仅以图书馆学和情报学领域作为研究对象,同样方法适合于综合主题词表及其他学科领域相关关系的构建。因为单一领域的学科范围窄,用户的信息需求明确而集中,其主题词表概念粒度和相关关系粒度细在所难免,也大有裨益。但构建综合主题词表的相关关系,就要注意领域间的联系,实现跨领域协调,一方面要注意选取粒度粗的概念,以满足用户覆盖面宽的需求；另一方面要构建粒度粗的相关关系,以满足用户响应时间短的需求。

7.6 概念间语义关系的合并①

《汉表》在网络环境下的维护更新与发展,也表现在根据《汉表》自身的发展要求,用户的信息检索需求需要广泛参考、吸收和利用相关主题词表的概念间关系,这就需要研究《汉表》概念间关系的合并问题。通过概念间关系的合并,可以达到知识集成、扩大概念覆盖面等作用。概念间关系的合并是《汉表》合并的重要环节,基于继承与发展的观念,通常的做法是先继承所有的概念间关系,然后根据新合并词表的用途,依据保留概念间关系的规则,取舍合并后的概念间关系。其中,第一步的概念间关系合并最为重要,通过具体实践,总结主题词表概念间关系的合并方法,具体合并主要为计算机辅助下,由领域专业人员人工完成。合并时以概念为中心,通过术语计算机匹配、专业人员判断,人工确定等同概念,然后分别按等同关系、相关关系和等级关系进行合并,并

---

① 常春, 曾建勋, 吴雯娜, 等. 叙词表词间关系合并方法研究[J]. 情报杂志, 2010, 29(12): 117-120.

且人工梳理合并后的逻辑错误关系。通过这样的步骤和方法，就可以将两部或两部以上的相关主题词表的概念间关系进行合并。

7.6.1 等同关系的合并

概念等同关系的合并方法，是将概念相同的、来自不同主题词表的、所有优选词与非优选词组成一个集合，共同表达一个概念，选择其中一个比较规范、在文献信息中词频比较高的词汇作为优选词。合并模式如图 7-5 所示，在实际操作中，会有一些变化。例如，有时没有非优选词，或者数量可能大于等于 1，但无论有或没有，简单的方法是将这些词统一为一个组，选定一个词为优选词的前提下，与其他词设为等同关系；在词汇合并的等同关系集合里，根据构建主题词表的选词规则重新确定优选词身份，合并前的优选词身份起参考作用，但不是决定作用，完全可能出现新认定的优选词在以前主题词表里的身份为非优选词的情况；在合并后的等同关系词汇集中，也会继承过来一些等级关系，甚至概念对立的概念词汇，具体细化为等级关系，还是保留等同关系，由新构建主题词表的编制规则决定。

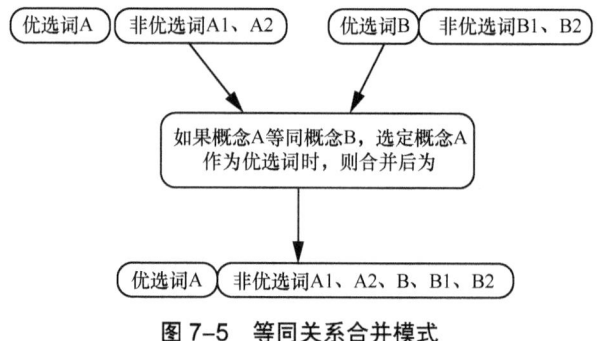

图 7-5 等同关系合并模式

例如，概念"坝"，在《农业科学叙词表》中"坝"代"水坝""拦水坝""拦河坝"；在《水利水电科技主题词表》中"坝"代"水坝""挡水坝""拦河坝"。如果将来自这两部词表概念"坝"的等同关系合并，结果就是"坝"代"水坝""拦水坝""拦河坝""挡水坝"。以上例子是按照等同关系合并模式完成的，在实际工作中，还需要人工再次干预与整体概念间关系逻辑检查。

7.6.2 相关关系的合并

如果两个优选词是等同概念，相关关系则直接进行合并，根据优选词选定规则，重新确定一个术语为优选词，另一个为非优选词，其他词都改为参项，模式如图7-6所示。假设优选词A在主题词表里有3个相关关系概念B、C、D，优选词E有两个相关关系概念F、G，如果优选词A与优选词E为等同关系，则合并后为一个概念（优选词可选用A，则E转为非优选词），相关关系概念可以直接合并，具体为B、C、D、F、G。鉴于不同主题词表编制目的有一定的差异，通常情况下，相关关系合并后，应该检查是否有等级关系或等同关系的逻辑错误。

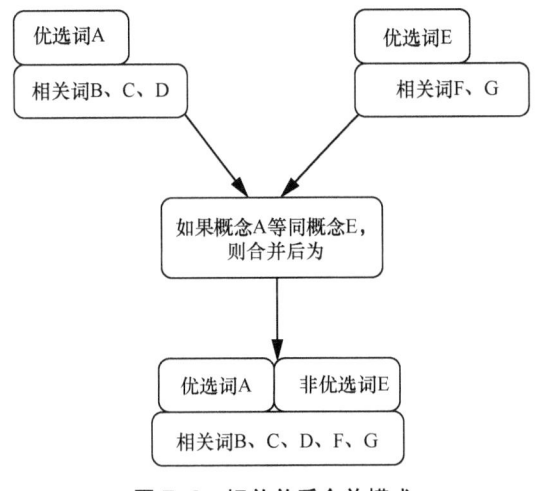

图7-6　相关关系合并模式

相关关系的合并同样以"坝"为例。《汉表》中"坝"有5个相关关系，分别为参"坝超高""坝基""坝型""坝址""坝轴线"，《农业科学叙词表》中的参项为"水库""鱼道"，《水利水电科技主题词表》中的参项为"挡水建筑物""水库"，《黄河水利委员会公文主题词表》中没有参项。这样，相关关系的合并只要将所有参项聚合去重即可，即概念"坝"参"坝超高""坝基""坝型""坝址""坝轴线""水库""鱼道""挡水建筑物"等8个概念。

7.6.3　等级关系的合并

等级关系的合并稍复杂一些，完成过程可以是以整个词族为单位，从最小的节点或最大的节点开始，人工判断每个相同的节点。判断工作最好开发或借助可视化的工具完成。如果是相同的概念，则在该节点将两个词族进行连接合并与去重，该节点的下位概念或关系如果是同等级别的概念，则以同位类"兄弟"关系合并；如果下位概念不是同位类关系，甚至含有等级关系，则应该表达合理的等级关系。

为了更好地理解等级关系的合并模式，设计模式（图 7-7）进行示范。等同概念既具有属项，又具有分项，A13 与 A22 是不同的术语，但是同一概念，等级关系合并时，A13 与 A22 改为等同关系，4 个下位概念 A14、A15、A24、A25 直接进行合并即可。

同样以概念"坝"为例。《黄河水利委员会公文主题词表》中"坝"有"病险坝""大坝""丁坝""防护坝""拱坝""锁坝""砼坝""土石坝""闸坝""重力坝"等 10 个下位概念，《汉表》中"坝"有"大坝""挡水坝""地下坝""混凝土坝""土坝""堆石坝"等 19 个下位概念。经过合并，直接将分项进行聚合，其中，"大坝""拱坝""重力坝"3 个概念在两表中同时存在，合并后直接保留这 3 个概念；"砼坝"与"混凝土坝"为等同关系，可以合并为一个概念，设定"混凝土坝"代"砼坝"；"土石坝"与"土坝""堆石坝"是等级关系，处理为保留"土石坝"为"坝"的分项，而将"土坝""堆石坝"设为"土石坝"的分项，这里"土石坝""土坝""堆石坝"合并初始为二级概念，经过调整后，"土坝""堆石坝"变成了三级概念。通过这个例子说明，等级关系合并后，等同概念所带的下位概念不一定就是同位类的"兄弟"关系，会出现"兄弟"关系、等同关系、等级关系等 3 种类型关系。

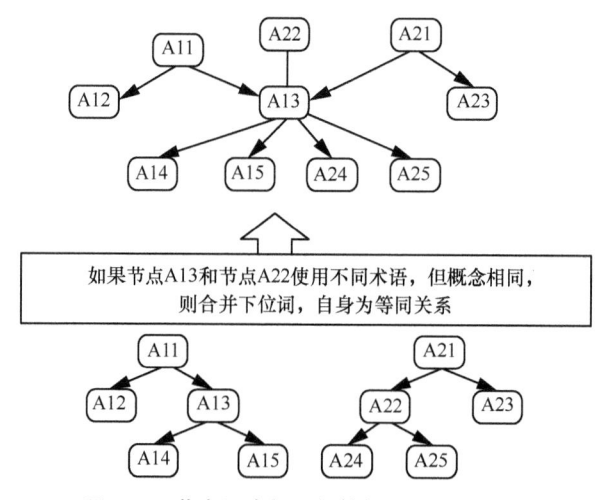

图 7-7　节点概念相同的等级关系合并模式

7.6.4　关系合并中的相关问题

（1）如何确定等同概念是关键

主题词表作为人工检索语言，基本单位是概念，概念间关系的合并虽然以概念为中心，但概念是通过术语进行表达的，所以，工作人员或机器是依据术语和概念间关系确定等同概念的。要想找出等同概念，途径有两条：一是通过计算机匹配，直接找出相同的术语，然后人工判断是否为等同概念；二是通过概念间关系推荐或推理，即如果两个不同的术语具备相同的概念间关系，或者带有大量的相同概念间关系，则这两个术语很可能表达同一个概念，具体确定也通过人工进行确认。很少出现术语不同、所带概念间关系不同但表达等同概念的情况，即使存在，也只能通过人工去发现。这样，在机器辅助下，通过人工参与，就可以找出等同概念。找出等同概念后，就可以进行概念间关系合并。

术语相同，主题词表不同，表达的概念通常是相同的，但并非相应的所有优选词与非优选词都表达同一概念。一个概念，在不同范畴的词表中，内涵外延可能有细微的区别，宽泛词表的入口词，在较窄词表中可能属于分项或属项，不能作为入口词合并，要针对编制词表的特征，决定这些同义词、近义词、属项、分项，甚至反义词的关系确定。

（2）关系合并与概念选词问题

知识组织工具的主要功能通常通过概念与概念间关系表达，概念又通过特定专业术语表示，概念间关系的合并以概念为中心，关系的合并同样表现为术语的重新组合与配对。当等同概念的术语合并去重后，通过概念间关系的合并会增加对应的概念词汇，作为知识组织工具，通常情况下，概念数量是稳定的，如果通过概念间关系合并新增加了概念，如文中相关关系的合并中，概念"坝"的相关关系合并后，增加了"坝超高""坝基""坝型""坝址""坝轴线""水库""鱼道""挡水建筑物"等8个概念。这就需要处理以下两个问题：一个问题是新合成的主题词表是否保留这8个相关关系的概念，如果新表中不需要这么多概念，则需要去掉相应的词汇；另一个问题是不同词表有不同的建立相关关系策略或考虑目的，如概念"坝"在不同的词表中有着差异非常大的相关关系，所以，合并后的新表也应该考虑专业、概念的专指度和先组度、文献揭示策略、用户使用等因素，对合并的相关关系进行合理的取舍，从而表现出相应概念词汇的取舍，即与主题词表选词直接相关。

另外，在概念间关系合并后，如果是新建一个主题词表，还应考虑一个术语对应一个概念。只有一个术语对应一个概念（一个概念可以对应一组术语），才是符合知识组织工具基本规则的术语。如果出现了同一个术语表达不同的概念，则必须进行限定概念含义的处理。经典的例子，如生物学词表中的"疲劳"概念与工程材料科学词表中的"疲劳"概念，虽然是等同的术语，但必须进行概念属性限定，才能表达不同的概念。

(3) 概念间关系合并与逻辑错误梳理

鉴于主题词表的编制单位不同,每部主题词表揭示文献的主题深度不同,即使是相同的两个术语,概念间关系的处理也有差异。例如,在《汉表》中"坝"的下位概念有"挡水坝",而在《水利水电科技主题词表》中"挡水坝"与"坝"是用代关系,这样,在概念间关系合并时就出现了关系的逻辑错误。如何处理这样的逻辑矛盾?可以基于新合成主题词表的编制规则,计划揭示文献主题的深度,重新确定概念间关系。例如,如果想表达细的概念关系,概念"坝"在语义上包含"挡水坝","挡水坝"是"坝"的一种,所以它们之间为等级关系;如果编表策略注重概念的覆盖面,而不设深的等级关系,也可以确定为"挡水坝"与"坝"是用代关系。所以,概念间关系合并后,在遇到逻辑矛盾后,要考虑新编制词表的使用目的,根据新表的编制策略取舍或确定具体的概念间关系。

在概念间关系合并时,虽然基于概念考虑各种关系,但具体到术语,可能是各种关系交织在一起,这种情况在概念间关系合并中普遍存在。一般的做法是通过计算机查找逻辑错误,根据编制规则人工梳理逻辑错误的节点、链条及循环等。

遇到逻辑矛盾时,也要考虑主题词表的概念粒度规则。一般情况下,综合性主题词表概念粒度相对粗一些,专业性主题词表概念粒度相对细一些;小型主题词表概念粒度相对粗一些,大型主题词表概念粒度相对细一些。颗粒度粗可以考虑多建等同关系,粒度细可以考虑多建等级关系。

7.7 无关联概念处理[①]

《汉表》中的无关联概念也叫非族中概念,几乎在国内每部传统主题词表中都存在。1991年版《汉表》的无关联概念占10%以上[②],2005年出版的《中国分类主题词表》也有20%的无关联概念[③]。传统主题词表无关联概念普遍存在,只是所占比例大小不等。主题词表作为较为成熟完善的传统知识工具,概念间关系也可以理解为目前图书馆学、情报学领域概念间的语义关系,是主题词表发挥作用的重要措施,对于无关联概念,意味着没有表达出概念间的语义关系,也就无从发挥这些概念的语义关系。这就引发了人们的思考,为什么传

---

① 常春,王星. 叙词表无关联概念分析与处理[J]. 情报杂志, 2011(8): 106-108.
② 中国科学技术情报研究所《汉语主题词表》自然科学部分维护组. 汉语主题词表: 自然科学(增订本)[M]. 北京: 科学技术文献出版社, 1991: 1-18.
③ 侯汉清,李华.《中国分类主题词表》(第二版)评介[J]. 国家图书馆学刊, 2006(2): 15-20.

统主题词表中存在无关联概念？在网络时代修订和重新编制主题词表时，应该如何面对无关联概念及如何处理无关联概念？对于《汉表》中无关联概念的处理，已经存在的观点是尽量减少无关联概念，甚至达到理想的无关联概念不存在，即所有的概念都入族[①]，也有针对减少无关联概念的方法和措施的相关研究工作[②③]，但现实是几乎所有的传统主题词表都存在无关联概念。在网络环境下，基于词频、基于文献保障等思想修订和重新编制的主题词表，将在文献的查全查准等方面发挥更加重要的作用[④]，丰富的概念间关系，将是新型《汉表》的重要特征，也是其发挥重要作用的基础与条件保障。

7.7.1 无关联概念相关定义

与主题词表无关联概念直接相关的概念，主要有以下几个[⑤]。

无关联概念（Orphan Term）：如果一个概念，属项（S）、分项（F）和参项（C）都不存在，则这个概念就是无关联概念。

关联比：（概念总数－无关联概念总数）/概念总数。关联比越接近1，说明有语义关系的概念所占比例越大，或者可以说关联比越大，则无关联概念越少，理想的结果是关联比等于1，即不存在无关联概念。

参照度：（F项词数+S项词数+C项词数）/概念总数。参照度越高，则语义关系越丰富。由于参照度是一个平均值，而单个概念的参照关系数量存在不均衡特点，故参照度与无关联概念数量没有直接关系。可以假设一个极端值，主题词表参照度等于"0"，即所有概念没有任何F项、S项和C项，这时概念总数等于无关联概念总数，关联比等于0，无关联概念的比例为100%。这样的主题词表也就不称其为主题词表了，更可能是一个词汇表或同义词表。

属分参照度：（F项词数+S项词数）/概念总数。

相关参照度：C项词数/概念总数。

普通名词与专有名词：主题词表的概念主要包含普通名词与专有名词两类。普通名词主要指普通事物名称，专有名词表达特定事物的名称。表7-3对这两种名称进行了特征分析，相关参考文献[⑥]对这两类名词的不同种类进行了编号。

---

① 倪静,赵新力,钱起霖.国外电子政务主题词表编制及网络应用的比较分析[J].情报学报,2003,22(5): 565-571.
② 龚昌明.电子版《国防科学技术叙词表》编制技术[J].情报理论与实践,1999,22(2): 123-126.
③ 张丽莎,刘锦绣.专业分类主题词表性能测评：以医学和教育分类主题词表为例[J].图书馆学刊,2009, 31(4): 80-82.
④ 曾建勋,常春.网络时代叙词表的编制与应用[J].图书情报工作,2009, 53(8): 8-11.
⑤ 侯汉清,马张华.主题法导论[M].北京:北京大学出版社,1991: 124-148.
⑥ 戴维民.信息组织[M].2版.北京:高等教育出版社,2009: 122-124.

表7-3 普通名词和专有名词常见的种类

名词种类	属性特征
普通名词	表示各种事物（具体的、抽象的、微观的、宏观的等）的名词术语
	表示事物属性、状态、现象、过程、作用等的名词术语
	表示工艺、加工技术、方法、行为等的名词术语
	表示科学门类、技术部门、理论、定理等的名词术语
	表示文献类型或形式的名词术语
	某些具有构词功能的词
专有名词	机构、会议等名称
	产品名称
	历史事件名称
	法规、条约名称
	文献名称

7.7.2 无关联概念相关统计

经过统计，1991年版《汉表》中的无关联概念数量是7885个。笔者又对这7885个无关联概念在其他80多部主题词表中进行了检索统计，发现共有3467个无关联概念在其他主题词表中也是无关联概念，占43.97%，即这些词在已出版的所有中文主题词表中都没有主题词表典型的3种关系；4418个无关联概念在其他主题词表中不"独"，占56.03%，即这些词在其他一些主题词表中存在等同关系、等级关系或相关关系的一种或几种。为了分析《汉表》中7885个无关联概念的特征，限于篇幅，从7885个无关联概念中随机抽取了80个，分析这些词的特征，按照表7-3的分类方法将这些概念归类。

7.7.3 增加无关联概念间关系的方法

网络环境下的主题词表，其适用性建立在丰富的概念间关系基础上，在主题词表编制过程中，如果存在无关联概念，应该通过以下两种方法添加无关联概念的概念间关系。

（1）继承和发展其他相关知识组织系统的概念间关系

《汉表》中的无关联概念，有一半以上在其他主题词表中具有概念间关系，基于知识的继承与发展关系、知识共享特征，在符合构建主题词表概念间关系的基本原则基础上，可以参考、吸收和利用已有的概念间关系，增加主题词表概念的参照度,使主题词表的关联比接近或等于1。例如,在专业主题词表《数学叙词表》中"三角形"有5个分项,即"锐角三角形""等腰三角形""钝角三角形""直角三角形""等边三角形";在《交通叙词表》《建筑叙词表》《印刷叙词表》等多部主题词表中"三角形"有属项"形状";在《石油叙词表》中"三角形"的属项为"平面几何",参项为"多边形""三斜晶系";在《自动化与计算机叙词表》中"三角形"的属项为"多边形"。通过参考其他主题词表的概念间关系,在《汉表》的修订中可以参考建立属分关系,如增加属项"形状"或"多边形"。分项的概念细分要考虑主题词表的选词规则,专业主题词表的选词专指度高,如《数学叙词表》中"三角形"有5个分项,但综合主题词表或其他专业主题词表中多数没有分项。

《汉表》的概念间关系首先决定于词表的综合性质,概念选词专指度不宜太高;另外,要考虑新型《汉表》的用途或编制目的,要考虑用户需求,要有丰富的语义关系,主要通过机器推理进行使用,可以处理比纸本概念数量更加宏大的概念术语,所有这些特点决定了在保证词频的基础上,可以增加一些专指度高的词汇。例如,"三角形"的5个分项,如果词频达到了《汉表》选词的标准,也可以增加为分项,从而丰富了概念间关系。

(2)通过新技术手段建立或增加概念间关系

近年来,随着主题词表修订与重新编制的升温,以及对本体构建的深入研究,已经报道了大量自动或辅助增加概念间关系的方法。例如,《汉表》中的无关联概念"自然界",在其他中文主题词表也没有任何概念间关系,为了增加概念间关系,可以考虑使用"共现"的方法,如"自然界"与"生态系统""生态危机"等词汇共现率比较高;也可以使用聚类的方法,发现一些能够聚到一起的词汇,如通过不同阈值的设置,可以发现"环境保护""人类社会"等词汇可以聚到一起。如果《汉表》中存在这些概念,可以考虑建立相关关系,从而增加相关参照度。

为了增加主题词表的语义相关度,面对概念间关系,基本思想是既继承又增加,所以无论是完全无关联概念,还是非完全无关联概念,依据主题词表的编制与修订规则,都应努力增加其概念参照度。在机器辅助的条件下,依据特定的算法和规则,增加更多的语义关系,成为目前增加主题词表语义关系的主要方法。通过领域专家的个人知识体系,增加概念间关系,仍然是一种可行的方法。由于个人知识的差异,手工增加的效率低,影响知识组织体系的构建速度,所以领域专家的作用主要是审阅与确认概念间关系。

7.8 等级关系逻辑错误检查及处理[①]

概念合并和关联都会加大概念体系的复杂度。由于主题词表融合有着多来源表、多专业、分期分批、多人协同工作的特征,随着概念体系复杂度的增加,由于不恰当的概念合并或关联,或者由于来源表本身存在语义模糊甚至错误,在融合过程中产生各种逻辑问题在所难免。

Marios Sintichakis提出了主题词表融合中必须避免的两种逻辑错误:等级关系循环和等级关系冗余[②]。本节对主题词表融合中的逻辑问题进行了完善,将主题词表语义关系的逻辑问题分为错误和优化两个级别。逻辑错误包括关系冲突、等级关系循环、等级关系冗余3种情况;逻辑优化包括兄弟概念互参、上下位概念共参、交叉互参、等级关系多路径4种情况。

7.8.1 逻辑错误

(1) 关系冲突

如果两个概念间既有等级关系又有相关关系,即上下位概念之间存在相关关系,则为关系冲突,如图7-8所示(图7-8及以下各图中的圆点表示概念节点,有向边表示等级关系,无向边表示相关关系)。图7-8a中的A与B之间既有等级关系又有相关关系;图7-8b中A是B的上位概念,B是C的上位概念,则A也是C的上位概念,在A和C之间同时存在等级关系和相关关系。这两种情况都属于关系冲突错误。

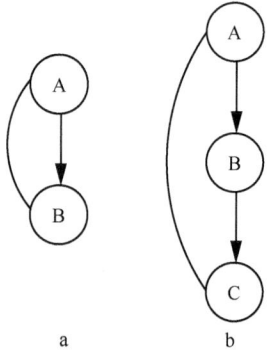

图7-8 关系冲突

[①] 吴雯娜, 王星. 叙词表融合方法研究[J]. 中国图书馆学报, 2012, 38(4): 110-118.
[②] SINTICHAKIS M, CONSTANTOPOULOS P. A method for monolingual thesauri merging[C]// International ACM SIGIR Conference on Research and Development in Information Retrieval. ACM, 1997:129-138.

（2）等级关系循环

互为等级关系的概念相互串接后形成了首尾相接的环，则为等级关系循环错误，如图 7-9 所示。最小的循环只涉及两个概念，如图 7-9a 所示。

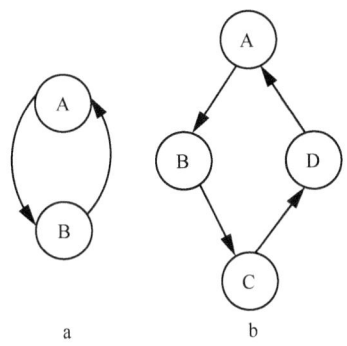

图 7-9　等级关系循环

（3）等级关系冗余

当两个概念间的等级关系可通过其他等级关系推导得出时，这两个概念间的等级关系即为冗余，如图 7-10 所示。图中 C 是 B 的下位概念，B 是 A 的下位概念，可推出 C 是 A 的下位概念，因此，从 A 直接指向 C 的等级关系是冗余的。

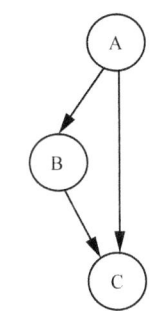

图 7-10　等级关系冗余

7.8.2　逻辑优化

有一些语义关系虽然在逻辑上是合理的，但也可能存在优化的需要。

（1）兄弟概念互参

同一个概念的多个直接下位概念互称兄弟概念，如图 7-11 所示。图中 B、C、D 同为 A 的直接下位概念，B、C、D 互称兄弟概念。如果在 B、C 之间又有相关关系，则为兄弟概念互参。

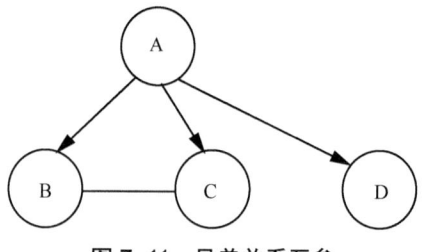

图 7-11　兄弟关系互参

（2）上下位概念共参

互为等级关系的多个概念如果具有共同的相关概念，即为上下位概念共参，如图 7-12 所示。图中 B 和 D 为上下位概念，同时又都与 A 有相关关系。

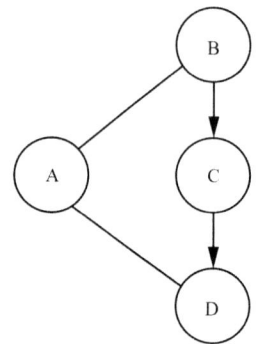

图 7-12　上下位概念互参

（3）交叉互参

4 个概念间形成如图 7-13 所示的关系：A 是 C 的上位概念，E 是 H 的上位概念，A 与 H 相关，同时 C 与 E 相关，相关关系出现了"交叉"，这种情况即为交叉互参。

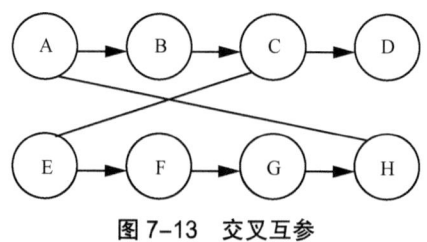

图 7-13　交叉互参

（4）等级关系多路径

等级关系多路径即两个概念节点之间有多条等级关系链，如图 7-14 所示。

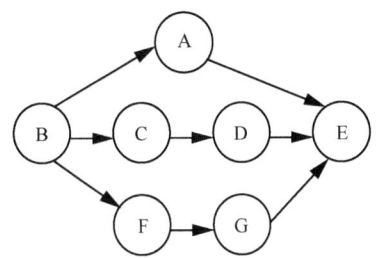

图 7-14 等级关系多路径

等级关系多路径有其合理性因素，因为概念存在多个分面，有多种属性，存在多向成族的可能性。"人"下分的依据包括两方面：一个是性别，将"人"分为"男人""女人"；另一个是年龄，将"人"分为"儿童""老人"等。"女童"这个概念中则同时反映了性别和年龄这两种属性，因此出现了多属（多个直接属项）。在"人"与"女童"两个概念间有两个等级链。

等级关系多路径也有可能是各来源表概念粒度不同，概念体系融合不到位造成的，如图 7-15 所示。图中如果 A 是 C 的下位概念，同时又是 D 的上位概念，则等级关系可进一步优化，从而解决多路径问题。

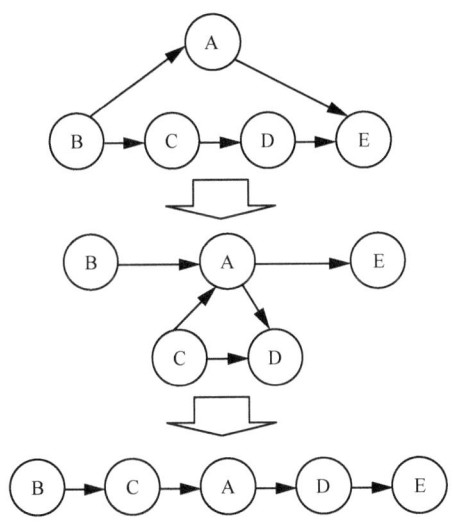

图 7-15 可优化的等级关系多路径问题

7.8.3 逻辑问题控制策略

主题词表语义关系必须符合特定的逻辑限定。逻辑问题成因比较复杂，这些问题可能环环相扣、互为因果，需要有一定的处理流程和优先级顺序，以保证融合过程有条不紊。另外，逻辑问题涉及范围各有不同，有的发生在一个词族中，有的则波及多个词族。如果涉及范围过大，系统计算耗时较长，为排除错误一次性锁定的数据较多，会导致工作效率降低。因此，对逻辑问题的控制要有一定的灵活性，需要根据情况采用不同的策略。

将逻辑问题的控制方式分为"先控"和"后控"。"先控"就是对欲建立的关系进行逻辑检查，如果该关系的建立不会引发逻辑问题，则允许构建；如引发了逻辑问题，则要求解决，否则不予构建关系。"后控"是指在构建关系时不检查某类逻辑问题，留待以后检查和解决。列举的逻辑问题中，"逻辑错误"问题需要进行"先控"，"逻辑优化"问题可进行"后控"。"后控"还可根据逻辑问题涉及范围的不同采用不同的方式：在一个词族中发生的可在词族构建过程中进行检查和解决；涉及多个词族的则要对全部数据阶段性地进行逻辑检查和解决。

对于同一类型的逻辑问题，可优先处理涉及概念节点最少的。例如，在图7-16a中有两个等级关系冗余错误，一个包含A、B、C 3个节点，另一个包含A、B、D、E 4个节点，可优选解决包含节点少的。

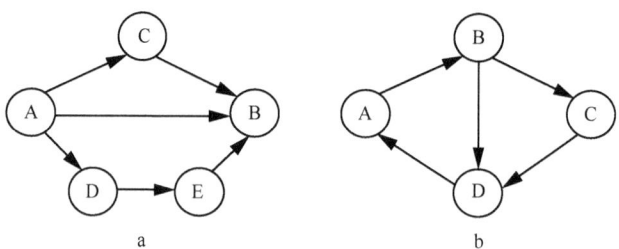

图7-16　多个逻辑问题并存

对于不同类型的逻辑错误或不同类型的逻辑优化问题，也可以区分优先级顺序。可先解决相对比较简单的，因为简单问题的解决可能会化解复杂的问题。例如，图7-16b中有两种类型的错误，等级关系冗余和等级关系循环。等级关系冗余错误包含概念节点B、C、D。等级关系循环错误有两个，一个循环包含A、B、C、D 4个节点，另一个包含A、B、D 3个节点。可以先解决等级关系冗余错误，解决等级关系冗余错误的同时有一个循环错误也就化解了。

逻辑错误处理的优选级顺序建议为：关系冲突>等级关系冗余>等级关系循环。由于等级关系确定了概念体系的基本框架，对相关关系逻辑问题的判断需要以等级关系作为前提。因此，逻辑优化问题处理的优先级顺序建议为：等级关系多路径>兄弟概念互参>上下位概念共参>交叉互参。

7.9 相关关系逻辑错误检查及处理[①]

不同于等同关系和等级关系的明确定义，国际标准、国家标准和教材对相关关系无一例外地采用了排除法式的定义。因为相关关系本质上是一种联想关系，来源于人们长期的知识积累所形成的思维，而且其涵盖的范围十分广泛，很难对它进行明确的定义并从形式上进行概括和规范，标准和教材也只简单列出了个别具有显著特征的情况，如渗透关系，因果关系，近义关系，矛盾关系，影响因素，事物及其成分、材料、性质之间，学科及其研究对象、方法、过程、工具之间等。但由于相关关系的概念比较模糊，难以明确界定，也没有严格的构建规则，从而造成了主题词表编制过程中相关关系构建的主观性和随意性，难以保证关系的逻辑正确合理，在一定程度上反而制约了检索效率。因此，本书在实际工作的基础上总结了部分不合理的相关关系类型，设计并实现了一个相关关系逻辑检查方法，用于查出这些有争议的相关关系，再交由领域专家审定和修改。

7.9.1 相关关系合理性分析

由于相关关系定义上的模糊性和不确定性，传统主题词表编制规则中也没有对其构建过程进行明确、严格的限制，只有 ISO 2788—1986 和 ANSI/NISO Z39.19—2005 概括性地将相关关系划分为族内相关和族间相关，并且认为同一族有含义部分交叉的概念间可以建立相关关系。在手工编表时代，概念间是否应建立相关关系完全靠编表人员的知识和经验加以联想和确定，具有很大的主观性和局限性。而后出现的机器辅助编表技术，主要通过共现率和相关度量化计算等数值依据筛选出概念间可能存在的相关关系，再由领域专家最终确定。虽然在机器支持下相关关系的构建有了一定的客观依据，但仍依赖于不同领域专家的个体知识和判断，难免会出现不合理的情况。

通过主题词表编制工作中遇到的问题，以及对多个主题词表的相关关系进行检查，发现其中存在一些不合理的相关关系。以《农业科学叙词表》为例，其中有几种相关关系不符合概念间关系的逻辑合理性。

由图 7-17 可以看出，广泛构建相关关系虽然可以在一定程度上提高概念间的关联程度，有利于提高检索时的检全率，但将会导致主题词表概念间关系的逻辑混乱，而且这些相关关系关联度强弱不一，会影响检索的准确率。

---

① 熊霞, 常春, 吴雯娜. 叙词表相关关系逻辑检查方法的设计与实现[J]. 情报杂志, 2010, 29(11): 154-158

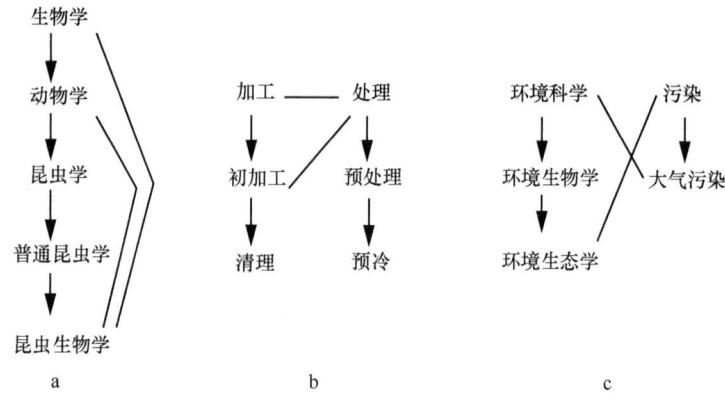

图 7-17 不合理相关关系举例

（注：⟶表示由属项指向分项；——表示相关关系）

F. W. 兰开斯特曾提出同一族系中的词汇间关系完全可以通过等级关系来揭示，不应该也没必要再建立相关关系，否则词表会过于累赘。戴维民也认为，一个概念一般只应与具有等级关系的两个或多个概念中的一个建立相关关系。通过上述分析及对发现的不合理情况的总结，将不合理相关关系归纳为以下 3 种模式，如图 7-18 所示。

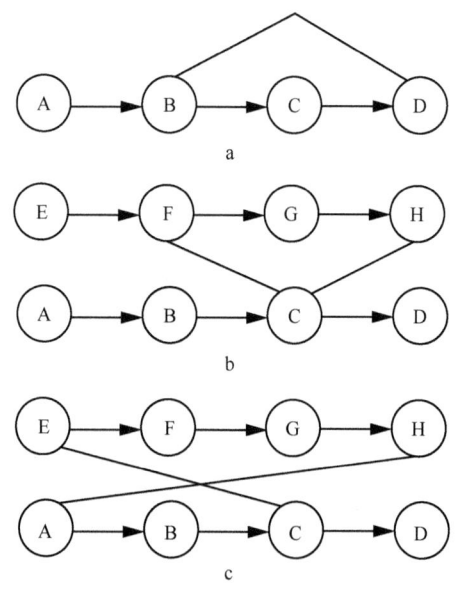

图 7-18 不合理相关关系模式

（注：⟶表示由属项指向分项；——表示相关关系）

① 等级链上两个或多个词间存在相关关系。由定义可知，相关关系是指除等级关系外概念间的密切关系，而图 7-18a 中同一等级链上的 B 和 D 之间已存在等级关系，再为其建立相关关系显然是不合理的。虽然此处的等级关系是间接的，但仍可以通过多重等级关系表达，相关关系是不必要的。

② 一个词与另一条等级链上的多个词间存在相关关系。例如，图 7-18b 中 F 与 G、H 之间存在等级关系，G 继承了上位概念 F 的所有属性，而 H 又继承了 G 的所有属性。所以，若另一条等级链上的概念 C 与 F 存在相关关系，那么 C 与 F 的下位概念 G 和 H 也必然存在相关关系，而这种相关关系可以通过间接的等级关系加以揭示，不必再另建相关关系。而且，若 C 与 F 和 C 与 H 都建立了相关关系，为何不为 C 和 G 也建立相关关系？若 C 与 F、G、H 都建立了相关关系，那么这样庞杂的相关关系必将影响标引和检索的效率。

③ 两条等级链间存在交叉的相关关系。图 7-18c 中，若仅单独存在 C 与 E 的相关关系或 A 与 H 的相关关系是无可非议的，但它们若同时存在，则会影响概念间关系的逻辑合理性，原因如图 7-18b 所示，不再赘述。

因此，主题词表相关关系的构建应尽量满足以下规则：概念应尽量避免与同一条等级链的其他概念建立相关关系；概念只应与具有等级关系的多个概念中的一个建立相关关系；具有等级关系的两个概念不应与另外两个也具有等级关系的概念建立交叉的相关关系。而在实际操作过程中，由于词表数据量庞大、关系错综复杂，编表人员很难确保一定会遵守上述规则，因此，在主题词表编制结束后需要对相关关系进行逻辑检查，以避免上述 3 种情况出现。

7.9.2 相关关系逻辑检查的设计与实现

为了发现上述 3 种不合理相关关系的特点和共性，设计了一个有效的逻辑检查方法，先假设一个小型模拟数据集，其逻辑结构如图 7-19 所示。

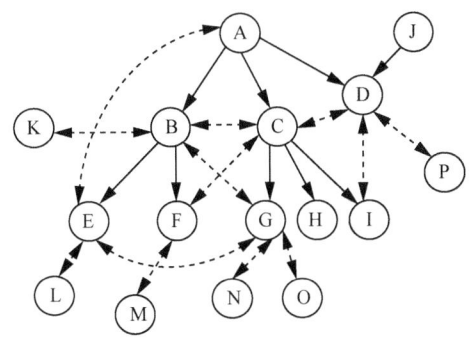

图 7-19 小型模拟数据集

通过对该模拟数据进行观察可以发现，若将单个词汇作为检查对象，是无法检查出相关关系中不合理情况的。考虑将从族首词开始至没有分项的词为止的整条等级链作为检查对象，对这些等级链及其所有参项进行分析发现，每个参项集合中，若有任意两个参项相同或具有等级关系，则说明该等级链的参项存在问题（表7-4）。设计的相关关系逻辑检查方法即是基于这一思想完成的。

表7-4 模拟数据特征分析

层级链	所有参项
A→B→E	E（A）、K（B）、C（B）、G（B）、A（E）、L（E）、C（E）
A→B→F	E（A）、K（B）、G（B）、C（F）、M（F）
A→C→G	E（A）、F（C）、D（C）、B（C）、N（G）、O（G）、B（G）、E（G）
A→C→N	E（A）、F（C）、D（C）、B（C）
A→C→I	E（A）、F（C）、D（C）、B（C）、D（I）
A→D	E（A）、I（D）、P（D）、C（D）
J→D	I（D）、P（D）、C（D）

在上述分析和讨论的基础上，设计了一个相关关系逻辑检查的方法，具体包括以下5个步骤。

①将主题词表中所有族首词抽取出来。这里可能出现两种情况：第一，词表已建立族项参照，则直接提取不重复族项即可；第二，若词表未建立族项参照，则将没有属项，即将没有属项的所有概念看作族首词进行提取。

②提取等级链。使用迭代的方法，从族首词开始自上而下依次提取各级分项，直至没有分项的叶节点为止，形成一条完整的等级链。当然，也可以从叶节点开始自下而上提取属项，直至族首词，但若采用这种方式，需要注意个别概念可能存在多个属项的情况。

③提取参项。以等级链为单位，从族首词开始逐个提取等级链中每个词的参项，形成参项集合，并通过等级链号与等级链一一对应。另外，还需要为每个参项标明其为等级链中第几个词的参项，为后续检查做准备。

④参项逻辑检查。以等级链为单位对参项集合进行检查，分别提取参项集合中任意两个词进行组合，与所有等级链进行匹配，判断这两个词是否相同，是否存在直接或间接的逆等级关系，从而判断该参项集合所属的等级链是否存

在不合理的相关关系。若匹配失败，则表明这两个词间不存在等级关系，将它们加入已检查序列，避免重复检查。循环执行上述过程，直至该参项集合中所有词的两两组合都被检查过。

⑤输出检查结果。将不合理的相关关系及它们所属的等级链作为检查结果一并输出。

第 8 章 《汉语主题词表》服务与应用

主题词表的目标在于从语义层面而不是文本层面让用户检索到真正所需要的文献，因此，它属于知识组织系统中的轻量级语义计算工具。各个领域的主题词表自出现以来得到了广泛的应用。EI叙词表被应用于 Engineering Village 文献平台的检索服务，还有在农业方面得到广泛应用的 AGROVOC 主题词表，以及美国航空航天领域的 NASA 主题词表。传统《汉表》在中文文献信息组织中起到了非常重要的作用，然而其知识组织结构相对简单，完全由人工构建，难以直接让计算机自动利用，严重制约了《汉表》在大数据环境下的应用。对《汉表》进行重构，需要克服这一缺陷，实现自动化在线语义分析服务，借助浏览器、在线服务及APP等多种方式进行访问，形成高效易用、计算机可理解的效能，实现大数据时代各种科技文献的标引、浏览、检索与导航等应用。

目前，重构之后的《汉表》在国家工程技术数字图书馆已经得到应用，大大提高了国家工程技术数字图书馆科技文献检索服务的质量。此外，《汉表》相应的线上服务也已逐步开发并推出，除了为用户提供对《汉表》术语的检索服务外，还将为用户提供文本自动分析、智能化检索和知识组织等多种服务，全方位展示国内知识组织系统的典型代表——《汉表》的强大语义服务功能。

8.1 主题词表服务现状[①]

主题词表服务以知识组织的理论、方法、技术和数据为基础，建立统一的术语收集、管理、发布和服务体系，通过互联网为社会公众提供一站式的主题词表服务，是当前图书情报学界的重要研究内容。

主题词表服务是一种网络环境下的新型知识服务方式，具有知识密集、使

---

① 宋培彦. 基于知识组织的术语服务体系研究[J]. 图书情报工作, 2012, 56(22): 6-11.

用广泛、用户多样等特点，允许用户随时随地、快速准确地获取专业领域知识。当前，主题词表服务的知识组织方式、服务机制、应用技术的相关研究仍处于起步阶段，迫切需要根据环境的变化研究具有较强通用性的术语服务体系框架，提高术语服务的有效性。

在国际上，主题词表服务研究逐渐兴起，推出了一批各具特色的术语服务系统。美国国立医学图书馆推出了UMLS在线术语服务，对158部医学词表中的术语进行集成式统一检索；OCLC通过LCSH、DDC等词表映射匹配实现互操作，提供基于Web的主题词表服务；联合国粮农组织AGROVOC网络术语服务使检索过程标准化；英国高级主题词表HILT项目实现基于SKOS Core的可扩展的Web主题词表服务；国际医学IHTS-DO术语数据库、德国LEXIS多语种术语数据库、加拿大TERMIUM术语库都被广泛应用，提供多种语言的在线主题词表服务。此外，Open Metadata Registry、NKOS Registry等提供了术语注册机制，用户可以自主注册、发布和共享术语词汇。总体来看，主题词表服务系统多是基于现有的知识组织资源，从不同研究视角对术语进行再组织，并通过互联网为各类用户群体提供服务。

在主题词表服务理论研究方面，L. E. Si等对不同的术语资源提供一个通用框架，实现按照主题的术语浏览[1]；N. Barren等基于元数据将各种异构的术语资源进行集成，并提供统一用户界面的服务方案[2]；S. K. Nachimuthu等采用SKOS对术语进行描述，通过计算概念之间的语义关系，为用户提供最相关的术语检索服务[3]；A. Gray等研究了基于语义概念的术语检索服务，促进了用户检索词与概念术语的机器对应[4]；A. H. Corey等认为，利用Web技术可逐渐使受控词表提供网络主题词表服务，对未来语义网有着积极的意义[5]；D. Hienert等对用户行为进行了分析，完善了术语推荐方法[6]。综上所述，国外主题词表服务研究集中在两个方面：一是研究术语的描述、映射和SKOS规范化，形成可供服务的术语

---

[1] SI L E, O'BRIEN A, PROBETS S. Integration of distributed terminology resources to facilitate subject cross-browsing for library portal systems[J]. Aslib proceedings, 2010, 62(62): 415-427.

[2] BARRETT N, WEBER-JAHNK J H. eHealth interoperability with Web-based medical terminology services-A study of service requirements and maturity[J]. Journal of emerging technologies in Web intelligence, 2009, 1(2): 153-160.

[3] NACHIMUTHU S K. Vocabulary metadata service for terminology servers to handle variations in design of various biomedical terminologies[J]. AMIA. annual symposium proceedings, 2008(11): 1062.

[4] GRAY A J G, GRAY N, HALL C W, et al. Finding the right term: retrieving and exploring semantic concepts in astronomical vocabularies[J]. Information processing & management, 2010, 46(4): 470-478.

[5] COREY A H, BARBARA B T. Library of congress controlled vocabularies and their application to the semantic Web[J]. Cataloging & classification quarterly, 2007, 43(3-4): 47-68.

[6] HIENERT D, SCHAER P, SCHAIBLE J, et al. A novel combined term suggestion service for domain-specific digital libraries[C]//In Proceedings of Research and Advanced Technology for Digital Libraries, 2011, 6966(7): 192-203.

资源；二是研究术语服务结构框架、服务模式和相关技术。上述研究展示了术语服务研究从构建、管理到应用正在不断深入。

我国一直重视知识组织体系的研究和建设工作，在主题词表服务领域也有一些理论研究成果。例如，曾新红等对中文主题词表本体的术语服务进行了研究①；司莉等介绍了OCLC的术语服务背景与进展②；刘华梅等报道了基于不同受控词表互操作的集成词库建设和可视化显示方法③；欧石燕研究了基于SOA架构的术语注册与术语服务系统的设计方案，对术语服务的相关技术和应用领域进行了探讨等④。总体来看，层次化术语服务体系结构具有较好的灵活性和兼容性，可以将现有研究成果进行集成式服务，实现知识组织理论、方法和技术的有机统一，对于构建术语服务系统具有重要指导意义。主题词表服务系统是图书情报学界提供知识服务的重要窗口，一方面可以对词汇、概念进行展示，及时反映科学知识的动态变化，为用户提供权威、可靠的知识导航服务；另一方面，术语服务系统以术语为切入点，重点加强细粒度知识内容的揭示，如根据主题进行文献推送、知识单元服务等。加强对知识组织工具的融合、映射，实现不同知识组织工具之间的语义互操作，同时借助术语计算、知识工程等相关领域的相关技术手段，提高术语知识建设的自动化水平。

8.2 主题词表服务的基本架构⑤

主题词表服务是网络环境下专业领域术语知识的集成服务，需要在统一的基本架构下实现各类术语资源的有效整合。采用层次化的结构模型，将术语资源、服务机制和应用领域进行有机结合，自底向上分为"数据层－管理层－应用层"3个层级，各个层级分别与知识组织领域的术语资源、管理模式和服务领域紧密对接，形成规范化的术语服务体系结构模型，既便于对现有的术语知识进行深层描述和语义互操作，发挥知识组织系统自身所特有的语义关系严密、知识描述规范等优势，又兼顾了知识的动态更新和应用推广，有助于将术语知识及时准确地传递给用户。在该框架模型中，在数据层构建术语服务底层语义描述、集成转换和元数据集成框架，将主题词表、分类表、术语库、用户

---

① 曾新红, 林伟明, 明仲. 中文叙词表本体的检索实现及其术语学服务研究[J]. 数据分析与知识发现, 2008, 24(2): 8-13.
② 司莉, 徐丽晓, 吴钢, 等. OCLC术语服务研究:背景、进展与启示[J]. 中国图书馆学报, 2007, 33(1): 58-61.
③ 刘华梅, 侯汉清. 基于受控词表互操作的集成词库构建研究[J]. 中国图书馆学报, 2010, 36(3): 67-72.
④ 欧石燕. 基于SOA架构的术语注册和服务系统设计与应用[J]. 中国图书馆学报, 2011, 37(5): 13-25.
⑤ 宋培彦. 基于知识组织的术语服务体系研究[J]. 图书情报工作, 2012, 56(22): 6-11.

标签、术语列表等各类术语资源以概念为中心进行映射,进而基于SKOS规范进行统一描述和转换,形成可供利用的术语资源;在管理层主要进行术语管理和用户服务,对术语服务核心功能和流程进行优化;在应用层,将术语服务系统与开放式网络环境相互结合,实现术语共享、术语检索、知识学习等多种服务功能。层次化结构模型是为了将知识组织领域的逻辑体系与术语服务体系相互统一,实现与现有知识组织工具的紧密对接,便于把知识组织领域的术语数据、管理模式和应用融为一体。可以说,知识组织是"本",术语服务是"用",层次化的结构模型将知识组织与术语服务的关系更为清晰地进行了构建。

(1) 术语资源层:术语知识表示

术语是术语服务系统的基本单元。以主题词表、分类表、术语表、规范文档等各类术语资源为基础,对术语知识深度揭示、集成映射和规范化表示进行研究,有助于为术语服务提供可靠的基础资源。

1) 术语知识描述

术语是知识的载体,为术语服务提供知识源。术语作为客体对象在认知主体的投射下,既是对所指称的客体知识的概念化,成为概念体系的基本单元,又具有语言符号的基本属性,具有特定的语音、语法、语用、语义等语言学属性。因此,术语所蕴含的知识可以分为概念知识和语言知识两类。语言是概念的载体,概念则是语言的内核,两者密不可分,共同构成术语知识的基本面。

术语为各类知识组织工具进行知识描述提供了基础。以主题词表为例,主题词表中的知识既包括语言学知识,如汉语拼音、英文、词形、词性、同义关系等,提供规范化的术语词汇;又包括概念和概念关系的构建,其中,概念是对术语本身固有属性的揭示,如范畴、专业属性、领域特征等;概念关系则体现为概念同其他词语之间的语义关系,既包括"属、分、参、族"等主题词表中明确出现的显式关系,又包括通过推理获取的隐式关系,如概念与实例、概念与知识元、概念链接推理等。

2) 术语集成与映射

术语集成与映射主要是解决不同知识组织工具的互操作问题。将各类术语资源向主题词表和分类表进行映射,建立多种知识组织工具之间的转换关系,有助于形成网状的语义拓扑结构,为用户提供一站式服务,弥合不同知识组织工具之间的语义缝隙。通过概念分析、词义相似度关系计算、术语共现分析等技术手段,可以实现不同知识组织工具的互通和互操作,在统一的知识组织框架下开展服务。用户通过"精确匹配""模糊匹配"等操作,可以检索到所需的术语,并对概念间关系、类属关系进行检索和浏览。

①知识组织工具的互操作。基于知识组织的术语互操作主要包括词表集成、融合、链接3种方法。词表集成,即选择某个主干词表作为基准,其他词表的大部分术语挂靠到主干表;融合,即将多个词表按照统一的体系进行取舍和重组,遵循共通框架重新进行融合;链接,即不改变原有词表的逻辑体系,通过中介词表将具有等同关系的词语进行索引,建立间接关系。基于术语概念分析,可以将术语与分类体系进行精确映射,形成聚类关系;将术语与概念进行映射,形成自然语言与规范语言的对应关系;将概念与分类表相互结合,实现主题分类的一体化操作。

②知识对象的语义链接。元数据映射是通过元数据进行各类资源的标注和关联,如基于都柏林核心元数据,对资源进行基本描述,形成便于共享和传播的资源。特别是关联数据、语义网等理论的出现,通过URI、元数据等对网络资源和数字对象进行规范控制,对实现各类资源的有效链接具有重要推动作用。知识内容之间的多维语义链接关系可以揭示术语各种维度、各种粒度的知识面,并以网状结构对知识点之间的语义关联进行呈现。

③用户标签映射。在网络环境下,用户更倾向于获得更大的自由度,自主决定信息的标引方式和标引深度,因此,术语服务系统应该支持标签、术语与知识组织工具之间的多种映射,为用户灵活使用各类词语提供便利。在数据层,将用户标签、新产生术语等大量非规范的自然语言映射到规范语言,可以为用户提供简单易用、相对规范的术语数据,有助于提高术语知识的有序性。

3)术语的SKOS规范化描述

2005年,W3C推出了SKOS。SKOS数据结构模型为术语数据的规范化转化提供了一个重要的描述工具。SKOS包括3个主要部分:SKOS Core、SKOS Mapping和SKOS Extensions。其中,SKOS Core是一个表示概念体系基本结构和内容的模型,SKOS Mapping用于描述概念间的映射,SKOS Extensions用于描述SKOS的特定应用。SKOS Core基本发展成熟,而后两者目前还处于发展阶段。采用SKOS对各类术语知识进行规范化,有助于数据之间的互通和互操作。

术语资源可以先建立语义描述结构,对各类知识描述信息进行统一定义,然后映射到SKOS描述框架里。例如,《汉表》中"芳烃回收"这一术语在SKOS的对应关系如表8-1所示。

表8-1 《汉表》与SKOS的对应关系举例

《汉表》属性	SKOS属性	实例
款目词	Concept	芳烃回收
拼音	Note	Fang Ting Hui Shou
英文	Note	Aromatics Recovery
范畴	Notation	
用项	Preflabel	
代项	Altlabel	芳烃抽提
属项	Broader	溶剂精制
分项	Narrower	
参项	Related	环丁砜抽提、二氧化硫抽提、甘醇抽提、溶剂萃取
族项	hasTopConcept	精制处理
注释	Note	

对于多个来源中的同义词，可以采用skos：hiddenLabel隐标签进行描述；SKOS还提供了映射标签，包括skos：exactMatch、skos：clsoeMatch、skos：broadMatch、skos：narrowMatch和skos：relatedMatch等5种映射关系，用于多来源知识组织工具的映射和互操作。

（2）术语管理层：术语服务机制

术语服务需要借助网络信息环境的变化，形成多样化、可扩展的服务模式，为用户提供服务接口，扩大使用范围。知识组织研究领域近年来在用户交互、可视化、嵌入式服务等方面的成果，可以直接推动术语服务管理机制的完善。

1）以用户为中心

术语服务用户群体复杂、数量庞大、需求各异，因此必须综合考虑用户的使用习惯、认知能力、用户动机等各种因素，将术语进行有序化的组织，为用户提供准确的知识内容。

①用户交互机制。Web 2.0技术为构建交互式的术语服务提供了有力的技术支撑，用户可以将术语进行共享、下载，形成互助合作的多向合作模式。例如，维基百科中将普通用户词汇进行广泛收集和严格审核，领域专家与普通用户协同工作，取得了很好的效果。用户标签是用户意图的重要体现，通过"用户检索词—标签—主题词表"的自动映射，把主题词表的规范性与用户检索词的灵活性有机结合起来，为用户使用自然语言检索提供便利。例如，用户在标注网络信息时，术语服务系统可以对用户的标注词语进行自动化的术语推荐和扩展，

帮助用户选择规范术语,提高信息的有序性。例如,在社会化标注系统中,对用户和资源分别聚类形成社区,再进行标签之间的相似性计算,能够提高术语服务系统的查全率和推荐的多样性。借助用户标签统计、本体语义关联、共现计算等方法,提高术语之间的语义内聚性,为用户选词提供更多参考。

②术语知识的自主创建与开放获取。术语服务平台的主要优势是开放性,用户可以随时随地创建、访问和使用术语资源,通过API嵌入调用、数据下载、术语注册等方法,形成交互式的术语服务合作模式。通过用户日志挖掘和分析,形成针对特定用户的个性化术语推荐机制,优先将规范术语、热点术语及与用户专业密切相关的术语进行择优推荐。对于用户自主提供的术语,要建立专家审核机制,对术语的规范性和知识内容进行审定,并逐步添加到术语平台中。

2) 术语知识链接

知识链接是从语义的角度对各类知识进行关联,有助于从宏观层面打破知识之间的隔阂。术语服务作为一个大规模的信息集合体,需要从资源链接、知识组织工具链接、语义知识链接等维度进行全局知识组织,形成具有不同粒度的层次型知识组织方式。主题词表是网状拓扑结构的知识集,成为各类知识有序链接的中心枢纽。用户可以通过检索词语之间的关系和释义,学习专业知识、进行术语翻译等;同时,术语资源可以作为机器可读的知识库,用于知识的挖掘与计算。特别是在网络环境下,以知识链接为依托,将各类知识体系进行融合和关联,进而以术语为切入点,将各种介质和不同粒度的知识进行聚类和关联,有助于消除"信息孤岛";既可以将术语与文献资源进行实时关联,为用户提供即时的知识背景,又可以采用知识挖掘技术,在术语知识内部形成网状的知识拓扑结构,便于用户在知识点之间的链接和跳转,提高知识的关联性。

(3) 服务应用层:术语应用接口

术语服务系统作为一种应用程序,可以为用户和计算机提供访问入口。对于一般用户来说,可以检索、浏览术语知识内容,服务于术语翻译、专业知识学习等领域;对于计算机来说,可以将术语服务系统中的资源作为知识库,为信息标引、检索、聚类、自动翻译等技术研究提供知识支撑。总体来说,术语服务具有如下两个典型应用接口方式。

1) 可视化在线服务

信息可视化将各类信息以视觉形式进行展示,帮助用户对知识加以把握,降低认知难度,有助于发现不易察觉的隐性知识。例如,以术语为节点、以概念间关系为边进行可视化,构造知识地图,可以直观地将各类术语微观的语义关系进行导航，提高术语服务的友好性。

2）远程系统服务调用

网络环境下，借助API嵌入式技术可以将术语服务集成到现有系统中，形成适应不同应用平台、服务协议的开放应用程序接口。例如，在编目工作中，用户可以查阅概念、分类号等，选择适用的知识体系；在翻译过程中，术语服务可以作为在线词典，提高术语翻译的准确性。

8.3 《汉语主题词表》功能定位[①]

8.3.1 基于概念及语义关系的术语服务[②]

在网络环境下，使用关键词进行文本匹配的信息检索方式，已经为用户所掌握，成为其最熟悉、最普遍使用的信息获取方式，但基于关键词的检索方式在网络信息检索中存在两个较为明显的缺点：一是检索返回的结果太过宽泛、数量太大，检准率存在问题；二是由于互联网信息缺乏有效的组织，信息多源异构且良莠不齐，用户需要的信息被淹没在各种海量噪音信息中，无法快速有效地从中获取全部所需的信息。为了使科研人员和专业用户更便利地获取领域信息，术语检索服务成为当今网络环境一个重要的发展方向。曾新红等在本体基础上研究了中文主题词表本体的术语服务模式[③]；司莉等报道了OCLC基于知识组织体系映射的术语服务模式[④]；在国际上，与术语注册及术语服务相关的研究和工作，如Taxonomy Warehouse[⑤]、TaxoBank[⑥]、Open Metadata Registry[⑦]、NKOS Registry[⑧]等，已经形成一定的规模，并代表着明确的术语服务发展方向。

（1）基于概念的术语服务

主题词表都包含基本稳定数量的概念，概念是思想的单元[⑨]。概念是通过一个或多个具体的术语进行记录和表达的，术语可以是自然语言的任何语词，但

---

① 曾建勋，常春．网络环境下新型《汉语主题词表》的功能定位与发展[J]．情报学报，2010，29(6): 973-977.
② 常春．叙词表的术语服务方式研究[J]．图书情报工作，2012，56(22): 12-15.
③ 曾新红，林伟明，明仲．中文叙词表本体的检索实现及其术语学服务研究[J]．数据分析与知识发现，2008，24(2): 8-13.
④ 司莉，徐丽晓，吴钢，等．OCLC术语服务研究:背景、进展与启示[J]．中国图书馆学报，2007，33(1): 58-61.
⑤ TaxonomyWarehouse[EB/OL]. [2012-04-24]. http://www. taxonomywarehouse.com.
⑥ TaxoBank Terminology Registry[EB/OL]. [2012-04-24]. http://www.taxobank.org.
⑦ Open Metadata Registry[EB/OL]. [2012-04-24]. http:// metadataregistry.org.
⑧ NKOS Registry[EB/OL].[2012-04-24].http://nkos.slis. kent.edu/registry3.htm.
⑨ International Organization for Standardization. Information and documentation-thesauri and interoperability with other vocabularies - Part1: thesauri for information retrieval[EB/OL]. [2012-11-14]. http://www.iso.org/iso/ catalogue_detail.htm?csnumber=53657.

通常是相对专业的词汇。不同的用户、不同的机构,对同一概念可以使用不同的语词进行记录、描述和表达,甚至是用不同的语种来表达。例如,"番茄"也叫"西红柿""狼桃"等,如果语种不同,还会有不同语言的表达方式,如英语为"tomato",法语为"il pomodoro",葡萄牙语为"tomateiro"等。无论是使用何种名称或语言,均可以通过一个概念表达。对于术语服务来说,可以参照主题词表概念模式,从术语含义出发,将含义相同的术语进行归并,上升到概念层面展开服务,因为每个领域的概念数量是相对固定的,不同数量的术语可以限定在固定数量的概念范围内进行信息组织,成为术语服务的基本单位。

通过主题词表的等同关系,基于数量基本恒定的概念,主要通过同义词、准同义词的等同关系将专业术语汇聚到概念范围内,就可以集成多种知识组织体系的术语,进行术语集成服务。例如,通过概念"玉米",可以调用具有概念等同关系的术语"苞谷""包谷""苞米""包米""玉茭子""玉蜀黍""包芦""珍珠米"等。如果需要不同特征或属性的术语,也可以通过同一概念不同术语的词形及词义相关特性进行细分,从而获取不同特征属性的术语。例如,"苞谷"与"包谷"、"苞米"与"包米",其特征为音同形近义同术语;"玉米"与"苞谷"、"玉米"与"珍珠米",其特征为音异形异义同术语;如果是多语种术语,如英语,则涉及词根(词形)相同的同义词,如"maize"与"maizes",也可能是词义相同的同义词,如"maize"与"corn"。基于主题词表概念的术语服务,同样会涉及主题词表的同形异义概念区分问题,传统的区分方法为通过加限定词或在范畴表的辅助下区分不同的含义,如"疲劳(生理)"与"疲劳(材料)"[①];用户用"疲劳"进行检索时,检索系统会询问是生物范畴,还是工程技术范畴。通过以上方法,基本可以实现基于概念的术语调用与术语集成服务。

(2)基于概念语义关系的术语服务

主题词表的概念关系主要表现为概念间的等级关系与相关关系两种属性,术语服务可以借助这样的关系属性实现增值服务。

1)基于等级关系的术语服务方式

主题词表等级关系主要表现在词族的概念属种关系及范畴的类目包含关系。词族等级关系,如"光合色素"包含"叶绿素","叶绿素"是"光合色素"的一个子种类,这是典型的概念包含关系。从范畴角度出发,工程技术类目包含建筑工程类目,建筑工程类目是工程技术的一个子类目。基于主题词表等级关

---

① 全国文献工作标准化技术委员会. 汉语叙词表编制规则: GB 13190—91 [S].北京:中国标准出版社, 1992.

系，可以开展相关的术语服务。

一是基于范畴表的等级关系开展术语服务。实现方法可以是将术语按专业大类进行分类，使不同术语在专业领域发挥作用，这也符合术语服务规范的基本情况。国内外不同领域都有自己的专业术语，如全国科学技术名词审定委员会按照专业大类共组建各学科名词审定委员会 61 个，目前已公布了农学、医学等 66 种规范名词术语，为我国科技名词统一工作奠定了基础。按照学科大类组织等级关系，需要先确定范畴表，根据实际需要可以选择综合主题词表或专业主题词表；可以直接使用范畴表，也可以根据实际需要对范畴表进行修改。有了范畴表，下一步的工作就是将术语按照专业特征进行范畴归类，通过术语在专业文献中的应用词频确定术语的范畴类目。

二是基于词族的等级关系开展概念层次基础上的术语服务。传统主题词表等级关系的优势为辅助扩检与缩检，具体术语检索中用户需求不同。如果用户希望扩检，如果将术语在概念基础上通过等级关系进行组织，则可以通过概念的等级关系，使用上位概念的术语集进行检索；如果用户希望缩检，则可以通过直接使用合适的分项进行检索，实现概念大小基础上的术语缩检。例如，建筑领域的"混凝土"概念，其下位概念包含"钢筋混凝土""纤维增强混凝土""现浇混凝土""装饰混凝土"等，其中的"钢筋混凝土"又包含"预应力混凝土"等，根据用户自身的实际需求，依据概念的包含关系，可以进行概念层次基础上的扩检与缩检。

2）基于相关关系的术语服务方式

主题词表相关关系是一种比较复杂的关系，指概念间除等级关系以外的、具有强烈语义关联的关系，这些关系对用户检索具有提示作用。相关关系具有互逆特点，即 A 与 B 相关，则相应地，B 与 A 相关。基于相关关系进行文献检索能够实现文献的互补检索。例如，"混凝土"与"水泥"是相关关系，则对于用户来说，如果需要"混凝土"的文献，那么与"水泥"相关的文献也应该是有用的。

相关关系的术语服务同样存在比较强烈的专业领域色彩，在专业领域与综合领域有着不同的应用方式。例如，如果服务的对象为建筑领域专业用户，则应该使用建筑工程专业领域的相关关系。以"混凝土"为例，在建筑领域，"混凝土"与"裂缝"可以建立相关关系，因为"裂缝"问题是"混凝土"最为关注的问题，建筑用户谈到"混凝土"就会想到"裂缝"，谈到"裂缝"就会想到"混凝土"，这两个术语在建筑领域有着非常紧密的联系。但是，如果服务对象为非建筑领域用户，则面对"裂缝"问题不一定会想到"混凝土"，也许会想到

"家具""路面""桌面""大坝"等,不一定会关注"混凝土"。因此,信息组织者应根据服务对象的学科领域,进行有区别的处理,决定相关关系的使用程度与范围。

8.3.2 文本语义分析

中文文本的语义分析包括文本分词、文本主题标引和文本分类聚类等,对一般中文文本的自动分析已经能达到比较理想的效果,但是对科技文献仍然存在不足与困难,因为科学技术领域的文本要求准确理解词汇的含义。一是词汇普遍存在多义、同义现象。多义是指一个词汇可能对应两个甚至更多的含义。例如,"疲劳"在生物领域是指疲乏劳累并失去其完成原来所从事的正常活动或工作能力,而在物理学领域,"疲劳"则指材料、零件和构件在循环加载下,在某点或某些点产生局部的永久性损伤。同义是指两个或多个词汇都对应相同的含义。例如,在植物学领域"番茄""西红柿""狼桃"互为同义,这就使对文本分析时,因为同义或多义的原因造成语义上的歧义。二是随着社会的发展,很多学科领域新术语不断涌现,主要的一类是由两个或多个已有术语组合形成的组合术语。例如,"深度学习"是由"深度"和"学习"两个术语组合形成,如果按两个术语分别对待,就必然会产生错误的语义分析结果。因此,必须使用《汉表》这样有力的语义分析工具,对文本进行准确理解。

(1) 对文本的分词

对文本的分词是将句子切分成一个词序列的过程。分词通常有两种方式:一是用词典来分;二是通过统计来分。第一种方法借助于专门的分词词典,对文本进行顺序扫描,按照最长匹配的原则,切分出词典中的最长词汇。这种方法的优点是分词的准确性高,能够快速处理大量文本,而且易于实现,是分词工具普遍采用的方法。同时,它也具有明显的缺点,就是过于依赖分词词典的规模和质量。第二种方法主要通过统计学习,利用词汇相邻出现的频次作为分词的主要依据。这种方法的优点是不局限于处理文本的学科领域,缺点是需要大量的训练文本用以建立模型的参数且计算量非常大。

使用新型《汉表》对文本进行分词属于第一种方法,由于将新型《汉表》作为高质量的分词词典,可以弥补第一种方法的弊端,准确快速地对大规模文本进行分词。使用新型《汉表》进行文本分词时,采用效率最高最大匹配法,并通过两方面的技术手段来保证分词的准确性。一方面,新型《汉表》收录了各学科领域规范标准的术语,保证了术语的单义性,特别是在每个学科下确保了一词一义;另一方面,新型《汉表》在编制完成后,自动定期收集各学科出

第8章 《汉语主题词表》服务与应用

现的新术语，经过专家严格筛选才能登入，使新术语不会被切分错误或被切分成更细的粒度。这样，使用新型《汉表》对文本进行分词避免了词汇歧义和组合术语的问题，特别是对科技文献中的文本能够达到快速准确分词的目标。

（2）对文本的主题标引

主题标引是指从文本（文献一般包含题名、摘要、正文等部分）中抽取若干专业术语来表达文本的主题，并进一步根据优选词确定文本所属的学科领域。主题标引的主要作用是使用少量并具有代表性的术语来表达像科技文献这样长文本的主题。各类科技文献均呈指数级迅猛增长，人工标引的方式因效率低已逐渐被淘汰，目前主要是利用计算机技术自动完成。与人工标引相比，自动主题标引具有效率高、一致性好、成本低等诸多优点，但也存在标引准确度不如人工标引高的缺陷。导致这种缺陷的原因，是目前的自动标引是从文本自身抽取词汇作为主题词，无法从学科领域角度保证主题词的规范性和严谨性。例如，两篇文本分别是对"西红柿"和"番茄"的描述，事实上都应以表达更严谨的"番茄"作为主题词，这就需要新型《汉表》这样的知识组织工具来实现。

使用新型《汉表》进行主题标引是在前一步正确文本分词的基础上实现的，即首先将长文本切分成一个词序列；其次利用新型《汉表》将同义的术语合并及规范化，如将"西红柿"和"番茄"统一规范成"番茄"，得到若干专业术语作为主题词的候选；最后通过在标准的标注数据集上训练学习获得客观的主题词评估方法，进而筛选得到3～5个最有代表性的术语来表达文本的主题。这样得到的主题词不仅能准确表达文本的主题，而且严谨规范，更具有学科领域的代表性。进一步，由于新型《汉表》中的每个术语具有学科分类号，通过对术语分类号的分析，判断文本属于哪个学科领域，这样主题词也通过新型《汉表》获得了学科分类号，根据主题词的权重及学科分类号的频次，就可以非常容易地实现对文本的学科分类。

（3）对文本的分类聚类

如果人们要从大规模无序文本中获取所需的全部信息，往往要花费大量的时间和精力。通过分类聚类则可以按照主题对文本进行有效的归类和组织，对信息检索系统性能的改善将起到很大的帮助作用。过去我们都是通过人工方法进行分类聚类的，这项工作需要较多专业人员，耗费许多的人工成本去完成，并且由于人工方式存在主观性的原因，有可能在付出高昂的人工成本后，分类聚类的结果却不尽如人意，因此利用计算机进行文本的自动分类聚类将是一个行之有效的办法。文本分类是按照事先定义的类别来决定一篇文本所属类别的过程，其类别可以通过概念进行定义得到。文本聚类是将文本集合分组成为在某些特征上类似文本组成的多个类别的过程。这些文本与同一个类中的文本在主题上彼此相似，与其他类中的文本则在主题上有较大的区别。无论是文本的分类还是聚类，都需要计算文本之间的语义相似度或语义距离，以判断文本应属于哪个类别。但目前的文本分类和聚类技术，要么只能简单地根据文本匹配情况来计算语义相似度，要么需要大量的文本进行训练，采用复杂的语义模型或统计模型进行学习，都存在效率或准确性上的局限性，而使用新型《汉表》则可以快速准确地完成语义相似度计算，克服目前相关技术上的局限性。

新型《汉表》准确表达了术语之间的语义关系，形成了层级结构的概念树。使用新型《汉表》进行文本的分类聚类，在对每个文本主题标引的基础上，利用不同文本的主题词在概念树中的语义关系和语义距离，综合权衡出文本之间的语义相似度，这样就避免了简单文本匹配导致的语义相似度计算错误。例如，一篇以"脚踏车"为主题的文本和一篇以"自行车"为主题的文本，其主题词字面上并不具备语义相似性，无法正确地分在或聚在同一个类别下。但通过新型《汉表》可以快速判断出这两篇文本有共同的概念主题，因此，事实上它们具有较高的语义相似度。又如，都是以"疲劳"为主题的两篇文本，但分别表达人体疲劳和材料疲劳的概念，在字面上容易误归为一个类别。在新型《汉表》中，利用对两个不同的"疲劳"进行学科限定，可以快速准确地区分它们。

8.3.3 智能化的检索

在互联网时代，信息爆炸式增长，使用户获取信息的准确性和效率都受到严重影响。目前大多数信息检索系统通过文本匹配的检索方式为用户提供检索服务。基于文本匹配的检索无法从语义角度满足用户的检索需求，这就导致检索结果质量差，用户真正需要的信息被淹没在大量的检索结果中，即用户真正需要的结果比例低，或者不能够被排在检索结果的前面。这是因为仅仅依靠文本匹配的方式会导致错误匹配和虚假匹配，或者检索出大量冗余、貌合神离、误导和欺骗用户的信息。另外，非专业用户在很多情况下不能说清楚他们真正想要检索什么信息，只能提交几个含义模糊的检索词，需要检索系统帮他们进一步明确检索需求。可见，仅通过文本匹配的检索方式不仅效率低，而且结果显然不能满足用户的实际需求。

构建智能检索系统实现对信息的高质量和高精度检索，已成为信息检索，特别是科技文献信息检索的必然发展方向。智能检索引入了语义匹配机制，对用户的检索关键词进行准确的语义分析，推测、挖掘用户真正想要检索的信息。智能检索也称为语义检索，这是一种建立在文献信息语义关联基础上的检索机制。因此,要实现智能检索,从文本匹配提高到语义匹配,必然需要知识组织工具的有力支撑,而新型《汉表》则正好能够扮演这一角色。智能检索主要通过跨语言检索、扩检与缩检3种方式来实现。

(1) 跨语言检索

用户在进行信息检索时经常需要了解国内外的最新进展,因此,不再满足于只在中文文献中进行检索,可能要求检索英文,甚至更多语种的文献。用户不可能把自己的检索需求翻译成不同的语言,而是希望输入单一语种的检索关键词,就能够获取不同语种的文献信息。这就要求信息检索系统把用户的检索关键词,从概念角度等义地翻译为其他语种的检索关键词。众所周知,一词多义现象在各个语种中都是普遍存在的,这必然使不同语种之间的翻译往往是多对多的映射,因而给用户检索的等义翻译带来巨大的挑战。目前,大部分的信息检索系统主要是通用词典对关键词进行翻译来实现跨语言检索。通用词典收录的词语以通用词汇为主,而且其中的专业词汇也不能保证术语所要求的单义性,因此很难达到等义翻译的目标,这样就导致了跨语言检索时,大量无效的文献出现在检索结果中,严重影响了用户的体验,也增加了信息检索系统的负担。

在新型《汉表》中,每一个概念都有对应同义的英文概念,而且绝大部分都保证了在概念所属的学科领域,中文概念和英文概念是相同含义的关系,当用户提交中文检索关键词时,可以将中文关键词转换成相同含义的英文概念;反过来,也同样可以把英文关键词转换成等义的中文概念。这种方式实现简单、翻译准确,而且执行效率高,非常适用于大量用户同时访问的信息检索系统。

(2) 扩检与缩检

用户在查找文献时,都希望能把想要的文献全部找到,但面对海量繁杂的文献,准确表达出自己的检索需求实际上是很难的。扩检和缩检是检索文献信息时,为了帮助用户查得更准、查得更全而采用的两种手段。扩检是通过减少检索关键词或增加"或"关系检索关键词的方法扩大检索范围,而缩检则是用增加"与"关系检索关键词的方法缩小检索范围。用户在实际的检索过程中产生扩检与缩检需求的情况通常有两种:一是因检索关键词选择不当,或者是检索关键词之间关系选择不当,造成检索失误;二是通过对当前检索结果的浏览,有时又有新的想法,进而产生进一步检索的要求。这两种情况都要求在原来检索结果的基础上进行扩检或缩检,使检索结果尽可能达到用户当前的期望。扩检,如用户检索与"自行车"相关的文献,事实上与"脚踏车""单车"相关的文献也应该是用户所需要的,可以增加"脚踏车""单车"这两个关键词,达到扩检的目的。缩检,如用户检索与"疲劳"相关的文献,"疲劳"具有人体疲劳和材料疲劳两种含义，事实上用户只会关心其中一种含义，可以通过学科限定来帮助用户达到缩检的目的。

信息检索系统可以利用新型《汉表》获取用户检索关键词的上一级概念、下一级概念及相同含义的关键词，以"或"关系加入到用户检索式中，实现对用户当前的检索进行扩检。同样的方式，信息检索系统可以利用新型《汉表》中的参这种语义关系获取用户检索关键词的参项，以"和"关系加入到用户检索式中，实现对用户当前的检索进行缩检。另外，新型《汉表》中每个概念都有学科分类，利用概念的学科分类同样可以达到缩检的目的。考虑到用户不一定需要将这些补充关键词都加入进来，可以以推荐的方式，允许用户选择性加入部分补充关键词，避免检出过多无用的文献。

8.3.4 专业领域的知识组织

虽然国内外有许多成熟的知识组织系统，如国内的新型《汉表》和国外的EI叙词表等，但对于小的学科领域，专业人员仍然缺少他们所需要的、具有针对性的、专业性强的主题词表或本体等其他形式的知识组织系统。众所周知，知识组织系统构建必须要保证知识表达的规范性及知识关联的准确性，主要以人工构建为主，这样必然导致昂贵的人工成本和较长的构建周期。大数据时代使得各个学科领域处理海量信息的需求越来越迫切，同时随着语义网、本体、关联数据等方面应用越来越普及，使得领域知识组织系统的构建受到了越来越多的关注。新型《汉表》涵盖了工程技术（已经完成）、自然科学（已经完成）、生命科学（正在编制）和社会科学（规划中）四大领域，包含了海量的规范概念及丰富而准确的概念间语义关系，将极大地方便学科领域的专业人员及图书馆学和情报学领域的专业人员构建轻量级的专业主题词表。

专业主题词表的构建并非一蹴而就，一般来说，需要包括学科术语采集、术语聚合及规范化、概念间关系关联等几个重要的步骤。如果按照传统构建方案，组织学科领域专家或语言学专家主要以人工方式构建的话，每一个步骤都会是人工和时间成本高昂的过程。借助于新型《汉表》，将会使得这些步骤变得便捷，每一个步骤都会与传统方式有根本性的不同，并且会以自动化的方式为主，小规模轻量级的专业主题词表会在较短的时间周期内构建起来，或者至少能达到雏形，只需在此基础上进一步做少量的人工检查修正就够了。具体来说，使用新型《汉表》构建轻量级的专业主题词表步骤如下。

（1）术语的自动采集

术语是主题词表的基石，术语的采集则是构建主题词表的第一步。利用新型《汉表》，用户可以选择两种方式来采集构建本领域专业主题词表所需的术语。第一种方式是用户提供一批属于他们学科领域的专业词汇，由新型《汉表》清除其中无用的噪声词汇，来筛选出规范标准的词汇作为术语。这种方式可以采集到质量较高的术语，但同时要求用户非常熟悉自己的学科领域，并能够收集到足够的专业词汇。一般情况下，这对用户来说要求高了一些，因此也可以采用第二种方式来实现术语的采集，即用户只需提供足够的本学科领域专业文献，由新型《汉表》来抽取其中的专业术语，并进一步筛选出符合用户学科领域的专业术语。整个采集过程不但快捷，而且基本不需要专家的人工参与，只是进行少量抽查以确保最终术语采集的质量就可以达到目的。

（2）术语到概念的规范化

术语到概念的规范化是将术语转化为概念的过程，其目的是把同义术语合并为一个概念。例如，"脚踏车""单车""自行车"这3个术语其实都是一个含义，指的是同一个概念，这就需要在建立概念之间的语义关联之前，合并为一个概念，并选取其中一个术语作为概念正式名称。这一步按照传统方式需要专家以人工方式做同义术语的匹配，并根据专家自己的经验选出可以作为概念正式名称的术语，如选择学科领域较通用的学名或全称这样的术语。这样的方式不仅效率低，而且由于专家的知识背景差异，也无法保证聚合结果的一致性。利用新型《汉表》中同义术语之间用代类型的语义关系，就可以快速准确地将采集到术语中的同义术语聚合在一起，并指定其中的优选词作为概念的正式名称。将大量术语转换为规范概念这个烦琐易错的过程，就可以完全以自动化的方式实现。

（3）概念间关系的智能关联

在形成概念之后，关键的步骤是将离散的概念建立语义关联，这是主题词表及本体等知识组织系统中最核心的内容。假设有10 000个概念，那么需要考察任意两个概念之间是否存在某种语义关系，这将耗费巨大的工作量，构建知识组织系统的人工成本主要就是被占用在语义关系的建立上，而使用新型《汉表》就可以利用其中丰富的已经准确建立的用、代、属、分、参等标准规范的语义关系，直接对上一步聚合好的概念建立语义关联，用户只需要在此基础上根据自身的需要进行增减。

此外，用户经常难以提供全面涵盖整个学科领域的概念，会导致知识组织系统不够完整。新型《汉表》还可以根据聚合得到的概念，为用户提供新的候选概念作为补充，丰富主题词表中概念及语义关系。例如，为"自行车"补充上位概念"交通工具"及下位概念"运动自行车""折叠自行车"等。

8.4 《汉语主题词表》服务系统

术语是人类科学知识在自然语言中的结晶。随着知识的不断积累，术语的数量不断增多，所涉及的领域也在逐渐扩展。知识组织是对各类知识进行描述、细化和揭示的一门科学，图书情报学界研制的主题词表、分类表、术语数据库、规范文档、百科辞书等常用的知识组织工具，包含了大量内容准确、描述规范的专业术语。主题词表作为知识组织的典型，是人们开展科技交流、学术研究和生产劳动的必备工具。

8.4.1 《汉语主题词表》服务系统的设计

（1）系统的设计原则

《汉表》的整体架构对整体系统来说占有最重要的地位，软件架构必须具有以下几项原则：①以面向公众服务为核心设计理念。进行系统设计时，必须从《汉表》的服务理念出发，以面向公众服务为中心，在设计系统需求时充分考虑利用信息化手段向公众提供细致和人性化的服务，以达到最好的服务效果。②全面性。系统架构必须完整，以支撑所有业务的开发实施和集成。保证系统内及与外部系统的顺利整合。③扩展性。能够适应未来业务变化和调整的需要。④继承性。应充分考虑《汉表》信息化建设项目在新的蓝图中的定位及未来发展要求，以保护投资和目前在建系统在未来的平稳过渡或集成。⑤实用性。项目的建设要面向未来，技术必须具有先进性和前瞻性，但同时要坚持实用的原则。在满足系统高性能的前提下，坚持选用符合标准的、先进成熟的产品和开发平台，构建一个切合实际、解决实际问题的系统。⑥灵活性。架构的重点在于描述系统之间的边界及相互关系，保证内部系统及与外部系统之间的耦合松紧适度。⑦安全性。必须要在系统功能安全、系统数据、用户信息安全、系统访问安全等各个层面得到保证。

系统架构的设计从《汉表》实际服务需求出发，把握各功能之间的区别和联系，按照不同功能的特点和信息技术的特点，遵循规范、科学、通用、实用、安全、易用等要求，统筹规划总体的应用架构，并通过管理与技术的双重手段，达到资源共享、应用软件重用、可管理、可维护等目的。

（2）系统结构框架设计

基本体系架构将术语服务系统进行模块化设计，将《汉表》术语资源进行逻辑划分，有助于形成《汉表》服务系统的总体流程。从知识服务的角度，《汉表》服务系统主要包括应用展示服务、应用支撑服务及知识服务 3 个基本层次的模块，如图 8-1 所示。

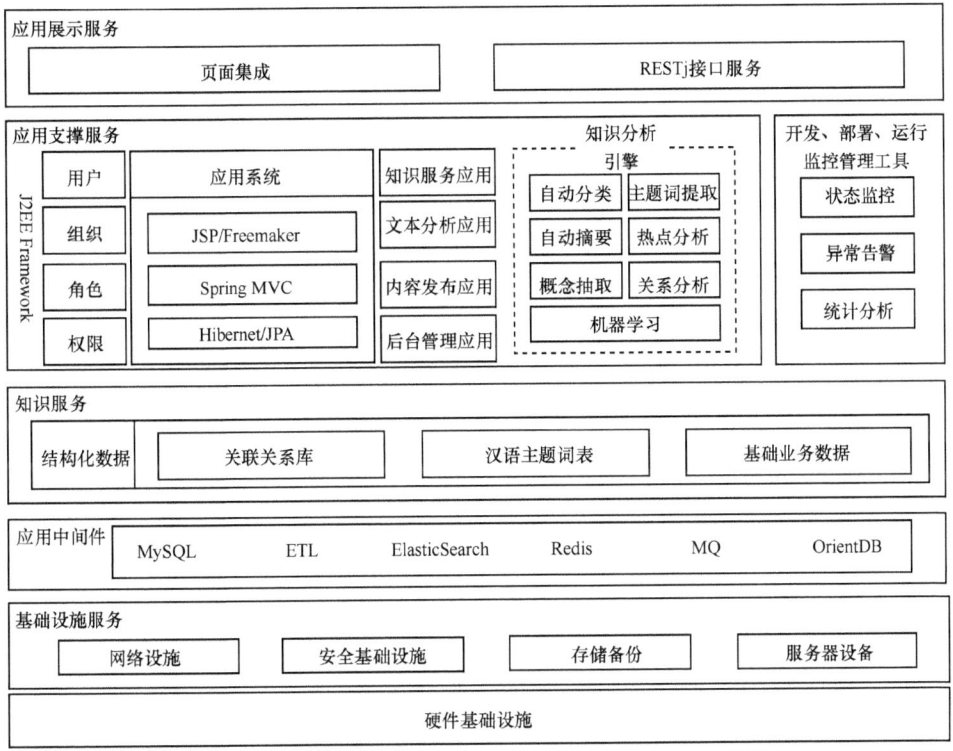

图 8-1　术语服务系统模块结构

1）应用展示服务

应用展示服务组件直接与用户交互，主要是为用户提供各种所需的具体应用服务，如术语检索、文献分词、自动标引等。每一个应用展示服务由负责具体业务的业务组件搭构而成。

2）应用支撑服务

应用支撑服务由负责具体功能的业务组件完成，功能组件完成各自的业务逻辑功能，彼此相对独立，组件间通过标准接口进行通信，以实现组件间的业务协作，从而降低了业务组件间的耦合度。某些服务共用同样的业务逻辑，可将公用组件抽取出来，为各业务逻辑提供服务，保证组件的重用性。

3）知识服务

分别存储主题词表的术语概念、语义关系等内容，实现语义层面的知识组织，是对外提供服务的知识基础。应用中间件和基础设施提供平台的发布和支撑。

（3）系统后台的数据架构

如图 8-2 所示，系统将数据实体进行分类，包括操作型数据、历史型数据、分析型数据。操作型数据：包括数字资源的元数据、对象数据、关联数据，以及支撑系统运行的业务数据物理单元。历史型数据：对于一些与基础业务无关的，同时数量非常庞大的数据，有些具有临时性，有些具有历史性，统一存放在历史型数据集中。分析型数据：用于进行数据挖掘和数据分析，通过分析系统进行计算，最终生成各主题分析结果。

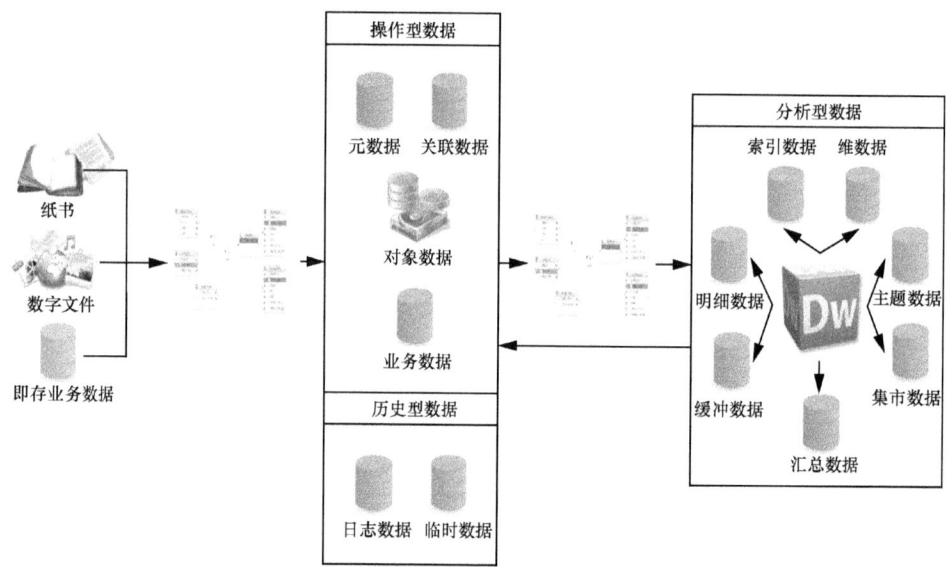

图 8-2 《汉表》服务系统后台的数据架构

8.4.2 系统的主要功能

（1）术语服务

术语检索：提供模糊匹配、精确匹配两种关键词检索方式，精确匹配的术语优先展示在检索结果中。分类导航：按照中图分类法提供导航方式的概念检索，如图 8-3 所示。

术语属性浏览：展示当前术语的各种属性信息，包括来源、分类、英文、同义词、上位词、下位词、相关词等。展示方式包括表格和可视化图谱两种方式。图 8-4 是以"大气污染"为例，展示术语的属性信息。

第 8 章 《汉语主题词表》服务与应用

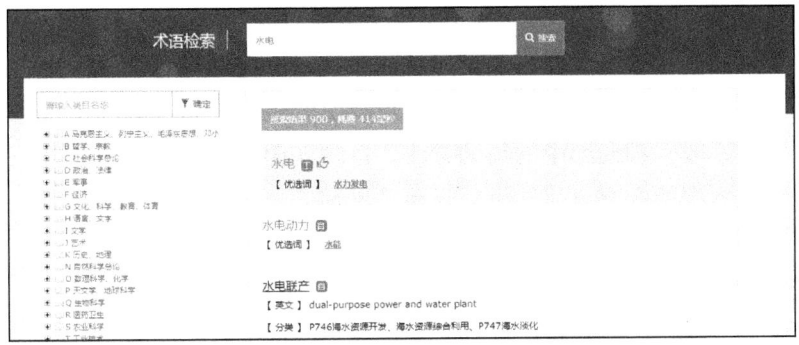

图 8-3 《汉表》服务系统的术语检索

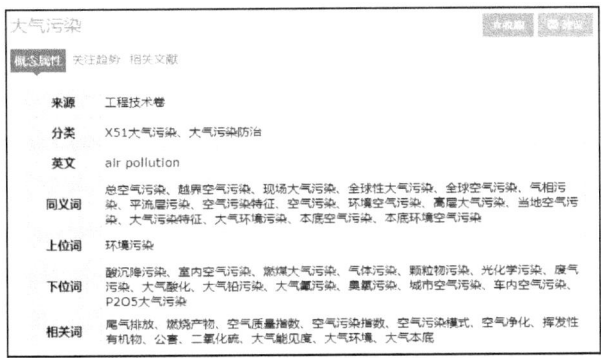

a

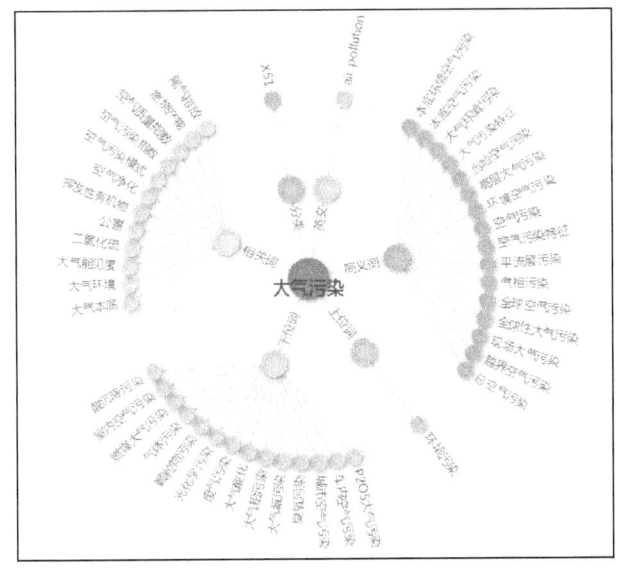

b

图 8-4 《汉表》服务系统的术语属性信息展示

（2）文本分词

基于《汉表》术语资源、基础词库和通用词库提供对专业学科文本的分词服务。在此部分功能中，对用户提交的自由文本进行分词，并统计出现在文本中的《汉表》或基础词库中的词的频次，以柱状图的形式展示。使用不同视觉效果标出文本中的词来自《汉表》还是基础词库。分词的基本原则如下：如果一个词在《汉表》和基础词库中都出现，则标为《汉表》的词，即首先用《汉表》进行分词，剩余的文本再使用基础词库进行分词；以最大匹配方式分词，如"纳米""材料""纳米材料"都是《汉表》的词或基础词库的词，如果用户输入的文本中出现"纳米材料"，则标为一个词，而不是标为"纳米"和"材料"两个词，如图8-5所示。

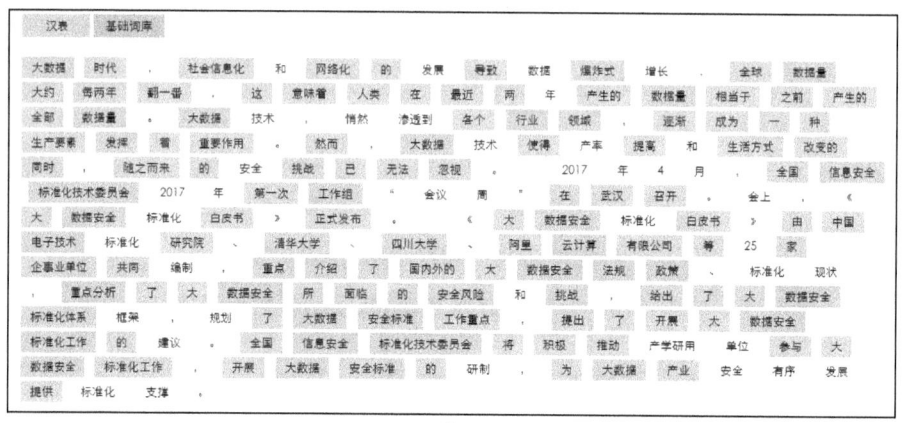

图8-5 《汉表》服务系统的文本分词结果展示

（3）主题标引分类

在分词的基础上，进一步对文本进行主题标引和学科分类，选出若干《汉

第 8 章 《汉语主题词表》服务与应用

表》中的概念作为该文本的主题词，按照以下步骤来完成。

① 得到文本中出现的《汉表》中的概念及词频；

② 按照词频对这些概念从高到低排序，作为用户输入文本的主题标引。

标引主题要考虑用户的学科领域，不同学科用户看到的标引结果可能不同。另外，用户可以选择自己认为合适的标引词导出。根据主题词在《汉表》中的分类号，依据中图分类法标注该文本的学科分类，每个主题词有一个到多个分类号，按照分类号在所有主题词中出现的频次从高到低排序，如图 8-6 所示。

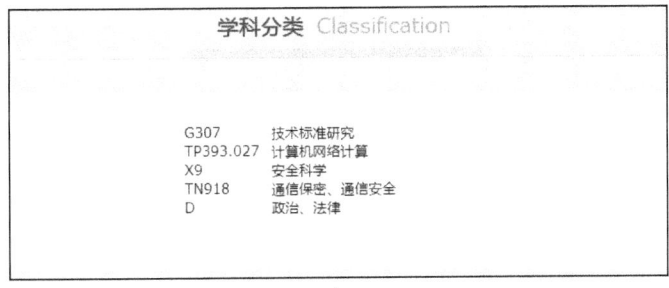

图 8-6　《汉表》服务系统的标引分类结果展示

（4）多文本的主题分类和学科分类

输入多个文本，对这些文本按照主题或学科进行分类，由于需要较多数量且相关的文本，才能够展现较好的分类效果，在线功能中由服务平台预先选取一定数量的文本，向用户展示分类的效果，Web 服务接口则由用户提交文本集合，不做限制。多文本的主题分类和学科分类展示结果如图 8-7 所示。

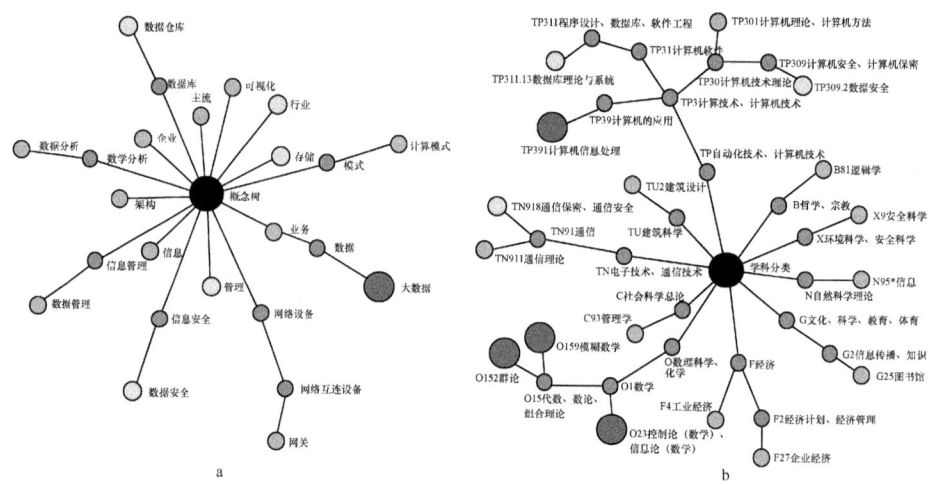

图 8-7 《汉表》服务系统的主题分类和学科分类展示结果

（5）知识树 DIY

提供知识系统相关的服务，从细粒度的概念级服务，到粗粒度的系统级服务。该部分在线功能的输入为服务平台预先给定，Web 服务接口则由用户输入。输入一组术语，服务平台对这些术语按照同义关系进行归并处理，首先根据《汉表》用代项将同义的术语归并在一起，然后将用项作为概念的正式名称。根据《汉表》的属分参关系，对这些概念进行关联，如果没有直接的用代参关系，需要依据《汉表》补充概念，建立间接的关系。在上一步已经构建好关系的原始概念树上，用户可以按照自己的需求继续编辑，包括对概念属性的编辑和对概念关系的编辑，编辑的功能需求参照百度脑图，如图 8-8 所示。

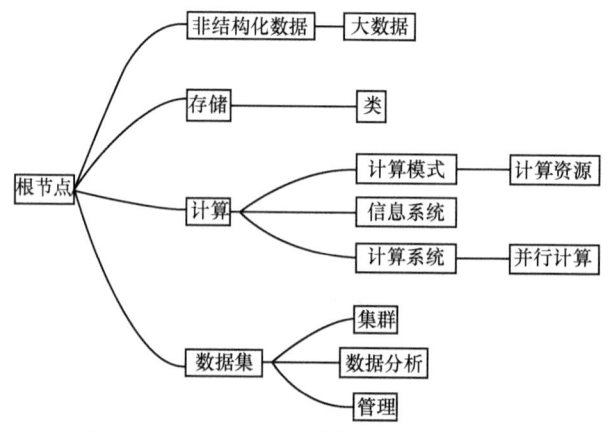

图 8-8 《汉表》服务系统的知识树 DIY 展示

第 9 章

国家叙词库构建及展望

20世纪60年代迄今，我国已编纂综合性或专业性汉语主题词表约100部[1]，国际上也有近1000部主题词表问世，它们几乎覆盖了所有学科领域，在图书情报界的标引和检索工作中得到广泛应用。但是，从情报资源共享的角度来说，主题词表品种越多，情报资源共享的障碍就越大[2]。众多无规律、不受任何控制增长的词表也给文献检索增添了新的困难和麻烦。随着人类步入网络时代，数字信息资源呈指数级增长，网络技术飞速发展，计算机处理能力日益增强，用户需求从海量信息检索向有效知识获取转变[3]，这些变化凸显出解决词表兼容问题的迫切性。国家叙词库将全国范围内来源于不同学科和领域的主题词表、术语表、词单等词表中的词汇与通过其他渠道获取的词汇进行合并、去重与融合，正是为了解决主题词表间的互操作与语义关系整合问题，扩大原本分散在各处来源的词表的服务与利用范围，为知识组织系统的建设与应用提供基础性的支撑。

9.1 国家叙词库概述

早在20世纪80年代末至90年代初，我国就有学者就国家叙词库建设展开相关理论研究与实践。傅兰生[4]于1989年提出建设国家主题词库的方案设计，并就词源、规范化处理、建库条件、词量平衡、对现有检索系统运行的影响、经费、词库维护等方面进行了可行性论证。后来，国家叙词库建设任务被原国

---

[1] 刘华梅, 侯汉清. 叙词表互操作技术研究：教育集成词库的试验[J]. 中国图书馆学报, 2008, 34(5): 95-99.
[2] 傅兰生. 我国叙词兼容两大方案的分析：兼论国家级叙词兼容词库的建立[J]. 情报学报, 1991(4): 257-264.
[3] 曾建勋, 常春. 网络时代叙词表的编制与应用[J]. 图书情报工作, 2009(8): 8-11.
[4] 傅兰生. 我国词表工作近期发展方向. 兼论建立国家主题词库的可行性[J]. 情报理论与实践, 1989(2): 1-5.

家科委列入政策调节经费支持项目，计划将国内几十部主题词表用词表集成方式汇合，以促进全国范围内情报检索语言的互操作，引起了洪漪[①]、宋岩[②]等学者对国家叙词库建设方案的讨论。由于受当时的技术和资金条件所限，该项目最终未能实现。

2009年，中国科学技术信息研究所启动《汉表》编修订工作。为配合此项工作，中国科学技术信息研究所设计并建设了中文基础词库，收录了国内80余部中文主题词表，以及文献关键词、科技名词术语、标准术语等术语资源，建立了包含400万个词汇、有着丰富属性信息的中文基础词库。2013年，在以往研究和建设的基础上，中国科学技术信息研究所申请并承担了国家社会科学基金项目"国家叙词库构建方式与发展机制研究"，研究我国主题词表等知识组织工具统一描述、互操作、服务、应用与维护等问题，进一步完善主题词表知识组织理论体系。当前，国外已有许多文献机构开展了一系列卓有成效的词表集成或词表兼容性项目研究，为国家叙词库建设项目提供了参考。例如，美国国立医学图书馆于1986年开发的UMLS由超级主题词表、语义网络、情报源图谱和专家词典4个部分组成，其中，核心词汇部分超级主题词表集成了多种生物医学词表和分类表，以实现不同计算机系统之间的互操作。经过多年努力和借鉴国外成果经验，我国也有了类似的研究成果产生，如《中国图书馆分类法》和《汉表》对应生成的《中国分类主题词表》，中国中医研究院建设的中医药一体化语言系统等。除了词表间的互操作外，围绕主题词表知识建模与描述规范、服务与应用及叙词库自身的维护与发展模式等，也产生了大量的研究实践成果。

纵观现有研究成果，已建成的词库集成项目、一体化语言系统、多体系映射系统为国家叙词库的建设提供了坚实的方法基础。但是，它们大多仅关注于某一特定学科或领域，难以覆盖所有的主题概念。从国家层面出发构建的叙词库有助于实现更为广泛的主题词表间的兼容及其应用服务。

9.2 国家叙词库的结构模式

9.2.1 集成模式[③]

通过对国内外知识组织体系集成模式的调研和对比分析，并结合我国主题

---

① 洪漪. 我国国家叙词库建设中几个问题的探讨[J]. 技术与市场, 1993(3): 209-212.
② 宋岩. "国家叙词库"建库设计与分析[J]. 情报理论与实践, 1991(4): 28-30.
③ 吴雯娜, 鲍秀林. 国家叙词库的体系结构与数据模型[J]. 中国图书馆学报, 2016, 42(2): 81-96.

词表编制的实际情况，国家叙词库采用《汉表》作为词表映射的中心表，这主要是基于以下两个方面的考虑。

（1）《汉表》与其他主题词表有较好的兼容性

1975 年，我国启动了"748"工程配套项目《汉表》的编制工作。在《汉表》成功编制的基础上逐渐形成了与系列主题词表相关的国家标准，包括 GB 3860—83《文献主题标引规则》、GB 13190—91《汉语叙词表编制规则》、GB/T 15417—94《文献多语种叙词表编制规则》。我国编制的主题词表绝大部分出现在《汉表》之后，基本是在《汉表》大的知识框架下进行学科专业的细化补充和调整，知识体系与《汉表》有较好的承接关系，在词表宏观和微观结构的表现形式上也与《汉表》基本一致。《汉表》是一部大型的综合性主题词表，包含社会科学、自然科学和工程技术等方面，是学科覆盖最为完整的一部词表，其收录的专业词汇数量也最为庞大，因此，在概念体系的广度和深度上能较好地覆盖现有的专业主题词表。

（2）《汉表》有较好的维护和应用基础

我国主题词表的维护和利用总体不太好，大部分主题词表没有修订过，知识体系有待更新，原有的编制单位很多已不具备主题词表编制维护的能力。这些主题词表可以作为《汉表》的延伸和补充，却很难再独立进行服务和应用。相对而言，《汉表》维护较好，第一版《汉表》出版于 1980 年，收词 10.9 万条。1991 年修订出版自然科学增订本，包含自然科学和工程技术部分，收词 8.1 万条。为满足文献信息处理自动化的需要，《汉表（工程技术卷）》和《汉表（自然科学卷）》分别于 2014 年和 2018 年出版，大量增补词汇，《汉表（工程技术卷）》收词 36 万条，《汉表（自然科学卷）》收词 12 万条。

基于以上原因，国家叙词库采用以《汉表》作为映射中心，其他词表向《汉表》进行映射的语义集成模式。

9.2.2 整体结构[①]

从逻辑结构上来看，国家叙词库是一个包含 3 层结构的知识组织系统，自下而上依次为工具层、表现层和应用层，如图 9-1 所示。

国家叙词库建设是一个系统工程，需要开发专门的工作平台和一系列工具实现建设流程自动化，具体包括国家叙词库的建设平台和协作平台、关系构建工具、质检校验工具、采选和映射工具。表现层是国家叙词库的核心，它由自

---

① 周杰, 丁滔劲, 吴雯娜, 等. 网络环境下国家叙词库的构建研究[J] 图书情报工作, 2013, 57(16): 5-10.

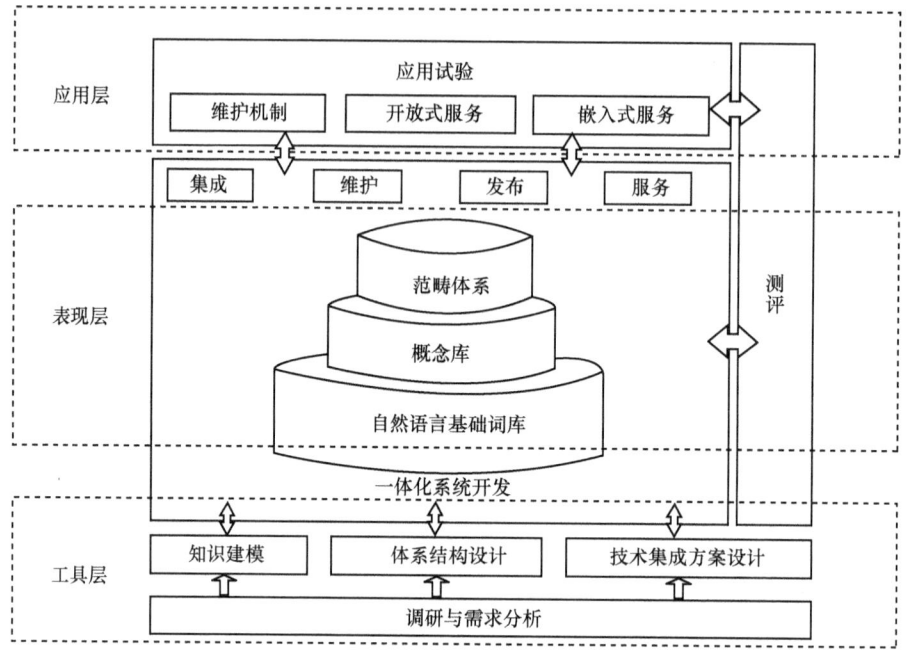

图 9-1　国家叙词库整体结构

然语言基础词库、概念库和统一的范畴体系组成。自然语言基础词库是将不同来源异构的词汇集按一定规范进行描述，并采用统一格式进行存储而形成的词汇元数据仓储。除了集成现有主题词表中的规范词汇外，出于对国家叙词库实际应用的考虑，概念表达自由的自然语言词汇也在收录的范围之内。自然语言基础词库中的词汇经同义词归并可形成以概念为核心的同义词群，在统一的范畴体系下，以层层展开的等级结构对概念进行范畴归类并增加对其属性的描述，构建以概念为核心的概念关系网络，形成高度整合的国家叙词库。应用层在此基础上向用户提供开放式和嵌入式的服务，扩大国家叙词库的应用范围。

9.2.3　元数据框架

多来源词表的宏观表结构、对概念属性的揭示及描述方式不尽相同，需要建立适用于多表管理的元数据框架。为保证多表的统一描述和与国内外其他系统的互操作，国家叙词库的元数据格式可参考 SKOS、DC 等进行设计。国家叙词库多表管理系统的描述对象包括词表、用户、任务。词表的描述应该是分层的，包括对表宏观结构和微观结构的描述。宏观结构指词表由几个部分构成。一般情况下，主题词表包括主表、附表、范畴表（索引可不考虑）。微观结构指对概念的描述，包括对主表和附表概念（即叙词）及范畴表概念（即范畴）的

第9章 国家叙词库构建及展望

各种属性的描述。表 9-1 至表 9-5 分别对表、词汇、概念、关系和范畴的元数据进行详细描述。

表9-1 表元数据

元素（中文）			元素（英文）			数据类型	说明
表ID			dc: Identifier				唯一标识
表名称	正式名称		dc: Title			string	
	其他名称						
简介			dc: Description			string	
表类型			rdf: Type			规范选单	词单、同义词表、标题表、叙词表、本体、其他
专业			dc: Subject				《中国图书馆分类法》
语种			dc: Language			规范选单	
关联	外部关联	前一版本	dc: Relation	external	dct: IsVersion of	表ID	子表所属的叙词表
	内部关联	母表		internal	dct: IsPartOf		主表关联的范畴表
		范畴表			dct: References		
创建者			dc: Creator	foaf: Organisation		string	个人或单位
				foaf: Person			
出版单位			dc: Publisher			string	

表9-2 词汇元数据

元素（中文）	元素（英文）	数据类型	说明
词汇ID	dc: Identifier		
词目	skos: lable	string	
扩展限定		string	
汉语拼音		string	
语种	dc: Language	规范选单	语种规范文档，用于多语种叙词表
英文译称	English	string	
定义	skos: definition	string	
来源	skos: inScheme	表ID	
类型	rdf: Type	规范选单	正式主题词、非正式主题词
所属概念	LableOf	概念ID	

表9-3 概念元数据

元素（中文）		元素（英文）		数据类型	说明
概念ID		dc: Identifier			
正式主题词		skos: Preflable		词汇ID	
来源		skos: inScheme		表ID	
范畴		Classification		范畴ID	
范畴注释		skos: scopeNote		string	
类型		rdf: Type		规范选单	概念、实例
关系	属	skos: semanticRelation	skos: broader		
	分		skos: narrower		
	参		skos: related		

表9-4 关系元数据

元素（中文）	元素（英文）	数据类型	说明
关系ID			
概念A		概念ID	
概念B		概念ID	
关系类型		规范选单	属、分、参……
所属子表	skos: inScheme	表ID	主表或附表的表ID

表9-5 范畴元数据

元素（中文）		元素（英文）	数据类型	说明
范畴ID				
范畴名			string	
语种			规范选单	
范畴号	来源表类号		string	
	中图分类号		规范选单	《中国图书馆分类法》
范畴定义		skos: definition	string	
所属范畴表		skos: inScheme	表ID	
范畴代码			string	
说明			string	

9.3 国家叙词库的构建流程①

国家叙词库是以主题词表为核心的术语资源管理与服务体系。主题词表中

---

① 周杰, 丁道劲, 吴雯娜, 等. 网络环境下国家叙词库的构建研究[J]. 图书情报工作, 2013, 57(16): 5-10.

的词汇有比较丰富的关系，这些关系使概念成为相互关联的体系。但词表中词汇的描述性信息较少，也缺少实际使用中产生的评价性信息。为此，网络环境下的国家叙词库的词汇收集不仅局限于已有的集成主题词表，还包含内容更为丰富、规模更为庞大的基础词库，包括辞典、关键词、标准术语等词汇资源。概念库主要反映主题词表概念间的关联关系，基础词库则为概念库中的概念提供更为丰富的描述性信息。基础词库中的词汇与概念库中的概念建立映射关系，同时建立统一的范畴体系，对概念进行归并，最终形成国家叙词库，其构建流程如图9-2所示。

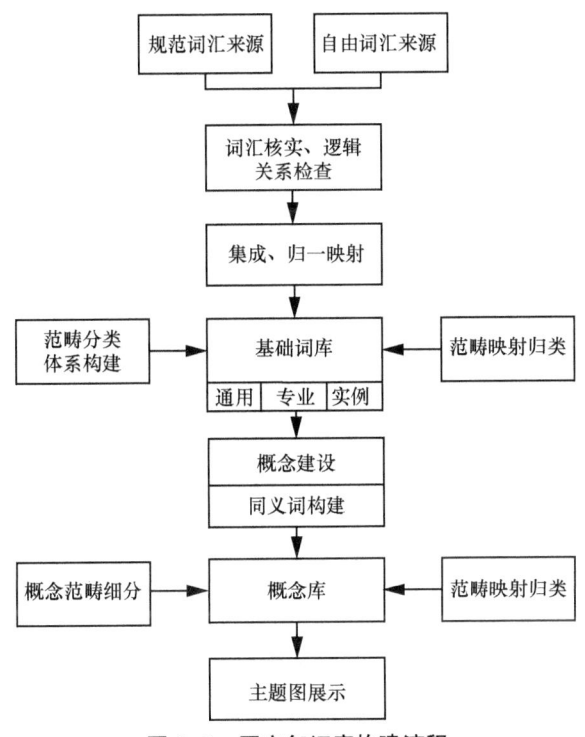

图 9-2　国家叙词库构建流程

9.3.1　基础词库建设

原始词汇的采集。国家叙词库是在国家范围内建设的知识组织系统，其词汇来源力求多元化、全方位。词汇的主要来源渠道可分为规范词汇来源和自由词汇来源。规范词汇来源主要指现有各种类型的传统主题词表、分类法等，自由词汇来源主要包括各专业数据库关键词、专业网站专业词汇、领域用户检索词汇等，它们主要用于扩充科技词汇和获取用户常用词汇。

原始词汇的质量检测与归一。基础词库的原始词汇来源广泛、质量不一，因此需要对数据质量进行检测，检查词汇中是否存在拼写错误、扫描错误和空格丢失等，按照词形规范标准剔除原始词汇中的非词语。除形式检查外，术语表等规范词汇来源还要进行闭合检查和冲突检查，以防止语义关系存在逻辑性的错误。同时，由于国家叙词库词汇来源多样，经质量检测后仍可能存在大量的重复词汇，需要对其进行查重以保证词汇的单一性，由此形成自然语言基础词库。

9.3.2 概念库建设

概念是反映对象一般属性和本质属性的思维形式[①]，多个同义词群可能包含在同一概念中。基础概念库建设将从概念实体和概念关系两方面入手，需要将基础词库中具有相同概念的同义词进行归并，以整合词汇间的语义关系。

概念建设。概念是通过词汇表达的，因此，概念建设需要从词汇入手。在保证词汇质量的前提下，对于大量的异形同义词，需要借助同义词词典、术语表等工具，把具有相同语义的词汇汇集到一起，构建同义词词群，形成概念。

概念属性描述。在概念属性描述方面，通过统一的概念描述模型对每个概念进行规范化，尽可能全面地描述词语的各个属性，如拼音、同义词、英文译名等。为了帮助用户理解概念的内涵，尽量增加注释，既可以继承来源词表中的概念注释，又可以直接连接到相关网络百科词汇。为了优化中英文检索，相关词汇的英文翻译尽可能从专业词表中的正式主题词中选取。

概念关系建设。国家叙词库概念间的关系包括等级关系和相关关系，主要来源于对传统词表的继承和依据信息技术挖掘概念之间新的关系。在对原有词表的概念关系进行甄别和去除的基础上，国家叙词库对概念关系将最大限度地加以继承。除此而外，通过研究知识概念关系的形成、表达和演化，通过大规模的语义计算发现新的概念关系，并组织领域专家对概念的相关关系逐一进行确认和构建，保证关系的逻辑正确。最后，需要通过计算机对所形成的新概念体系中的概念关系进行一致性检查和梳理，对有冲突和矛盾的逻辑关系进行修正。

9.3.3 范畴体系建设

范畴是概念的一个重要属性，用来说明概念所使用的学科领域[②]。国家叙词库基础词库中的词汇来源不一，并且部分主题词表的范畴表自成一体、互不兼容，如果重新建立一个范畴体系，则难度较大。因此，构建国家叙词库系统范

---

① 戴维民. 信息组织[M]. 2版. 北京: 高等教育出版社, 2009.
② 张琪玉. 情报语言学词典[M]. 北京: 北京图书馆出版社, 2000.

畴体系的实质是建立各来源词表的范畴体系与《中国图书馆分类法》等已发展较为成熟的范畴体系之间的映射关系。

在统一的范畴体系下,每一个词汇将被赋予一级或二级的范畴分类,如果整个表有范畴分类,则建立映射关系;对没有范畴分类的术语或词族,则对单个术语或族首词人工赋予范畴分类。概念的归类问题可借鉴词汇所属的原始范畴信息来确定,或者借助计算机聚类手段和专家智慧判定所属的范畴类目,并且允许某些词语同时归入多个典型范畴。

9.4 国家叙词库的维护模式[①]

9.4.1 开放机制建设

从国家层面构建一个叙词库系统对人力、物力和财力都有很高的要求。首先,国家叙词库系统是对众多综合词表和专业词表的一种集成构建,因此,叙词库系统建设应先征得来源词表编制机构的使用许可。同时,许多核心词汇的选择与概念的判断也依赖于外部领域专家的智慧,因此,建设国家叙词库系统需要在全国的科技系统内形成一种有效的合作机制。其次,构建国家叙词库系统是为了提高检索系统效率,实现更大范围内的信息资源共享,这就要求该系统具有很强的开放性与兼容性,在保证系统知识产权不受侵犯的前提下,对外提供资源开放接口,扩大国家叙词库系统的应用范围。最后,稳定的经费来源、技术保障、团队管理是保证国家叙词库系统顺利有序构建、可持续发展和提供公益性服务的基础性保障。

9.4.2 用户的参与互动

用户参与将赋予用户更大的自主空间,将成为国家叙词库系统构建维护的新方式,也是系统服务的新特征。网络环境发展为用户参与系统构建和维护提供了良好的技术手段:社会标注法和大众分类法加强了系统与用户的互动[②],让用户参与系统的构建与更新;将用户的使用频率作为基础词库词汇选择的指标之一,增强知识组织系统面向用户的易用性和适用性;基于网络化的协作平台,系统工作人员可以直接与用户讨论,对词语进行修订、发现错误等。用户可根据自身需求设置单个或多个概念形成的语义网络,点击概念的超链接可显示该

[①] 周杰,丁道劲,吴雯娜,等. 网络环境下国家叙词库的构建研究[J]. 图书情报工作, 2013, 57(16): 5-10.
[②] 毛军. 元数据、自由分类法(Folksonomy)和大众的因特网[J]. 数据分析与知识发现, 2006, 1(2): 1-4.

概念所涉及的所有术语，充分发挥国家叙词库系统的知识揭示与知识学习功能。同时，系统基础词库、概念关系可被导入其他系统，支持用户开发其他数据库。

9.4.3 基础工具建设

国家叙词库是知识组织系统的理论、方法与工具综合应用的案例，因此，理论方法研究和自动化工具开发是整个系统得以实现和发展的前提。一方面，要加强对已有知识组织体系的集成、融合及映射研究；另一方面，还应加快叙词库维护、更新与应用相关技术、研究和工具的开发。研究术语评价与新词发现技术，基于网络信息资源和用户使用信息，对术语重要性、时效性、专指性等进行评价、描述，利用自然语言处理、数据挖掘、计算语言学相关技术对语义关系进行识别和评价，自动丰富词表语义关系，并研究新词或新概念与主题词表概念的映射技术。将概念、词汇、关系等按照规范性、完整性、时效性等进行分级管理，建立相应的准入和剔除制度。研究 Web 2.0 技术、网络编表技术、逻辑校验技术、可视化技术在基于网络的维护更新系统中的集成，保证协同工作时主题词表资源的动态共享与服务的异地同步。

9.5 国家叙词库的服务应用[①]

国家叙词库可以利用不同语义层次的内容建设成果，针对不同的主题词表应用和建设的需求，提供不同粒度知识单元的数据服务，包括主题词表元数据服务、概念服务、概念集服务，以及词表定制服务。这些服务又可依据服务对象的不同而表现为面向用户的查询、浏览、编辑、下载服务，以及面向机器的第三方调用服务。

9.5.1 元数据服务

叙词库元数据服务是基于主题词表注册信息的查询、浏览、下载服务。元数据服务可展示我国叙词库建设的总体情况，以及叙词库学科专业、编制和结构方面的特征，方便用户依据自身需求对叙词库进行选择。元数据服务是促进叙词库资源被发现和利用的最为基础的数据服务。

9.5.2 概念和概念集服务

概念和概念集是主题词表知识体系中不同粒度的知识单元。概念是叙词库

---

① 吴雯娜, 鲍秀林. 国家叙词库的体系结构与数据模型[J]. 中国图书馆学报, 2016, 42(2): 81-96.

知识体系最小的描述单元。概念集为多个概念按照一定的逻辑组合而成的知识单元，如一个概念及其关联概念的组合、一个词族中以等级结构关联的多层级概念的组合、以映射方式相互关联的多表概念的组合或共属同一个类目或本体类中多个概念的组合等。概念服务还可依据所提供的概念描述信息完整程度分成若干层次。例如，只提供词汇级别的中英对照、词汇等同关系、概念的等级、相关关系或附加概念跨表映射关系等。基于概念或概念集的服务方式需依据叙词库应用中对知识单元的需求特征来设计和逐步实现。

9.5.3 词表定制服务

我国编制的主题词表有100余部，基本能覆盖所有的学科领域，但却不能满足所有的应用需求，其问题主要表现在以下几个方面：①很多主题词表比较陈旧，大部分主题词表完成于20世纪90年代，之后疏于维护，很多概念没有及时增补；②传统主题词表主要满足手工标引和检索的需要，人工语言痕迹较重，收录词汇与文献实际用词匹配度不高，很多较为专指的概念需要人工进行组配，难以满足计算机自动处理文献信息的需要；③传统主题词表一般覆盖一个或多个学科专业，学科广度和知识深度往往难以两全，很难满足专题信息系统文献信息组织揭示的需要。另外，主题词表作为一种形式化的知识体系，除了应用于文献信息组织外，也可用于知识挖掘、知识发现等方面，但现有的主题词表很难完全支撑这些应用需求。因此，基于国家叙词库集成系统，提供词表定制服务，为新表构建提供数据和工具支撑是国家叙词库一个重要的应用方面。

基于国家叙词库的词表构建包括以下几个环节：①专题词汇集确定；②主题词表知识体系裁剪；③多表融合。在数据层面，利用国家叙词库分类表确定词汇抽取范围，基础词库提供词表词汇，并根据用户需求补充文献关键词，以及其他来源的词汇。专题词汇集的确定还需要跟用户供词、专题文献抽词相结合。基础词库中不同来源的词汇属性信息可用于词汇评价。例如，词汇出处可用于权威性判断，词汇在文献中的词频及学科分布情况可用于词汇重要性或专业相关性评价等。专题词表定制过程实质是多表知识体系的裁剪与融合过程。国家叙词库概念层可为新表构建提供关系属性集合。来源于相同或不同词表的知识片段需按照一定的规则进行续接，由于词表知识体系存在重复、交叉、异构的特征，多表融合后必然存在概念语义模糊、关系缠结的现象，需要有相应规则和工具对这些问题进行处理。

参考文献

[1] BARRETT N, WEBER-JAHNK J H. eHealth interoperability with Web-based medical terminology services-A study of service requirements and maturity[J]. Journal of emerging technologies in Web intelligence, 2009, 1(2): 153-160.

[2] COREY A H, BARBARA B T. Library of congress controlled vocabularies and their application to the semantic Web[J]. Cataloging & classification quarterly, 2007, 43(3-4): 47-68.

[3] CORONADOA S D, HABERB M W, SIOUTOSC N, et al. NCI thesaurus: using science-based terminology to integrate cancer research results[J]. Studies in health technology and informatics, 2004, 107(1): 33-37.

[4] GRAY A J G, GRAY N, HALL C W, et al. Finding the right term: retrieving and exploring semantic concepts in astronomical vocabularies[J]. Information processing & management, 2010, 46(4): 470-478.

[5] HIENERT D, SCHAER P, SCHAIBLE J, et al. A novel combined term suggestion service for domain-specific digital libraries[J]. 2011, 6966(7):192-203.

[6] International Organization for Standardization. Information and documentation-thesauri and interoperability with other vocabularies - Part1: thesauri for information retrieval[EB/OL]. [2012-11-14]. http://www.iso.org/iso/ catalogue_detail.htm?csnumber=53657.

[7] IUY. 拼音输入法词库广度及选词精度全测试[J]. 网络与信息, 2009(10): 10-11.

[8] KORTH H.F. Deadlock freedom using edge locks[J]. ACM transactions on database systems, 1982, 4(7): 632-652.

[9] LU Y Y, MENG W Y, ZHANG W J. Automatic extraction of publication time from news search results[C]//Proceedings of 22nd International Conference on Data Engineering Workshops, 2006: 50-55.

[10] NACHIMUTHU S K. Vocabulary metadata service for terminology servers to handle variations in design of various biomedical terminologies[J]. AMIA

annual symposium proceedings, 2008(11): 1062.

[11] NISO. Guidelines for thesaurus structure, construction and use: ANSI/NISO Z39.19-1974[S/OL]. [2011-06-01]. http://www.niso.org/home.

[12] NKOS Registry[EB/OL]. [2012-04-24]. http://nkos.slis.kent.edu/registry3.htm.

[13] Open Metadata Registry[EB/OL]. [2012-04-24]. http://metadataregistry.org.

[14] OWL Web ontology language[EB/OL]. [2010-06-25]. http://www.w3.org/TR/owl-features.

[15] SI L E, O'BRIEN A, PROBETS S. Integration of distributed terminology resources to facilitate subject cross-browsing for library portal systems[J]. Aslib proceedings, 2010, 62(62): 415-427.

[16] SILBERSCHATZ A, GALVIN P B, GAGNE G, et al. 操作系统概念[M]. 北京: 高等教育出版社, 2008.

[17] SINTICHAKIS M, CONSTANTOPOULOS P. A method for monolingual thesauri merging[C]//International ACM SIGIR Conference on Research and Development in Information Retrieval. ACM, 1997: 129-138.

[18] SWOT分析法[EB/OL]. [2018-10-23]. https://baike.baidu.com/item/SWOT分析法/150223?fr=aladdin.

[19] TaxoBank Terminology Registry[EB/OL]. [2012-04-24]. http://www.taxobank.org.

[20] Taxonomy Warehouse[EB/OL]. [2012-04-24]. http://www.taxonomywarehouse.com.

[21] The EI thesaurus[Z]. 5th Edition. Elsevier Inc, 2006.

[22] The World Wide Web Consortium(W3C). Web ontology language[EB/OL]. [2010-06-25]. http://www.w3.org/TR/owl-features.

[23] UMLS[EB/OL]. [2018-10-26]. http://www.nlm.nih.gov/research/umls.

[24] XUE Y W, HU Y H, XIN G M. Web page title extraction and its application[J].

[25] Information processing & management, 2007, 43(5): 1332-1347.

[26] 白崇远.《维基百科》的特性及影响[J]. 辞书研究, 2009(2): 67-72.

[27] 百度百科. 细胞词库[EB/OL]. [2010-09-15]. http://baike.baidu.com/view/983262.htm.

[28] 百度百科. 自然现象[EB/OL]. [2018-11-21]. https://baike.baidu.com/item/%E8%87%AA%E7%84%B6%E7%8E%B0%E8%B1%A1.

[29] 百度风云榜[EB/OL]. [2018-11-21]. http://top.baidu.com/?vit=1&fr=topnews.

- 147 -

[30] 鲍秀林, 吴雯娜. 网络环境叙词表收词新来源刍议[J]. 图书情报工作, 2011, 55(14): 116-120.

[31] 鲍秀林, 吴雯娜. 中文叙词表发展概况和性能测评(1980—2009)[J]. 图书馆论坛, 2012(4): 101-106.

[32] 曹树金, 罗春荣. 信息组织的分类法与主题法[M]. 北京: 书目文献出版社, 2000.

[33] 曾建勋, 常春, 吴雯娜, 等. 网络环境下新型《汉语主题词表》的构建[J]. 中国图书馆学报, 2011, 29(4): 43-49.

[34] 曾建勋, 常春. 网络环境下新型《汉语主题词表》的功能定位与发展[J]. 情报学报, 2010, 29(6): 24-28.

[35] 曾建勋, 常春. 网络时代叙词表的编制与应用[J]. 图书情报工作, 2009, 53(8): 8-11.

[36] 曾立纯. 我国分类主题一体化的尝试: 编制中的《中国分类主题词表》[J]. 图书与情报工作, 1989(2): 22-26.

[37] 曾新红, 林伟明, 明仲. 中文叙词表本体的检索实现及术语学服务研究[J]. 数据分析与知识发现, 2008, 24(2): 8-13.

[38] 常春, 曾建勋, 吴雯娜, 等. 叙词表词间关系合并方法研究[J]. 情报杂志, 2010, 29(12): 117-120.

[39] 常春, 赖院根. 基于文献标题词汇共现获取词间关系研究[J]. 图书情报工作, 2009(8): 17-20.

[40] 常春, 赖院根. 数字环境下通用概念获取方法[J]. 图书情报工作, 2011, 55(22): 22-25.

[41] 常春, 卢文林. 叙词表编制历史、现状与发展[J]. 农业图书情报学刊, 2002(5): 25-28.

[42] 常春, 王星. 叙词表无关联概念分析与处理[J]. 情报杂志, 2011(8): 106-108.

[43] 常春, 吴雯娜, 曾建勋. 基于后方一致获取词间关系[J]. 情报科学, 2009, 27(7): 1085-1088.

[44] 常春, 吴雯娜. 网络时代专业叙词表选词规则实践与讨论[C]//全国第五次情报检索语言发展方向研讨会论文集, 2009: 107-113.

[45] 常春. Ontology在农业信息管理中的构建和转化[D].北京: 中国农业科学研究院, 2004: 1-108.

[46] 常春. 数字环境下叙词表的发展及应用展望[J]. 情报理论与实践, 2009(12): 48-50.

[47] 常春. 数字资源知识组织功能中叙词表应进行的变革[C]//图书情报工作杂志社、图书情报工作研究会学术研讨会, 2009.

[48] 常春. 叙词表的术语服务方式研究[J]. 图书情报工作, 2012, 56(22): 12-15.

[49] 戴维民. 信息组织[M]. 2版. 北京: 高等教育出版社, 2009.

[50] 豆瓣读书. 国史大纲[EB/OL]. [2018-11-21]. https://book.douban.com/subject/26803736.

[51] 傅兰生. 我国词表工作近期发展方向: 兼论建立国家主题词库的可行性[J]. 情报理论与实践, 1989(2): 1-5.

[52] 傅兰生. 我国叙词兼容两大方案的分析: 兼论国家级叙词兼容词库的建立[J]. 情报学报, 1991(4): 257-264.

[53] 葛宁, 王军. 领域Ontology的自动丰富: 基于ADL地名表的实例研究[J]. 计算机科学, 2007, 34(9): 156-162.

[54] 龚昌明. 电子版《国防科学技术叙词表》编制技术[J]. 情报理论与实践, 1999, 22(2): 123-126.

[55] 国家图书馆《中国图书馆分类法》编辑委员会. 中图分类主题词表[M]. 2版. 北京: 北京图书馆出版社, 2005.

[56] 贺德方. 《汉语主题词表》的回顾与展望[J]. 情报理论与实践, 2010(2): 1-4.

[57] 贺德方. 加强网络时代叙词表的研究[J]. 图书情报工作, 2009(8): 7.

[58] 洪漪. 论《汉语主题词表》的现代化改造及其发展前景[J]. 大学图书馆学报, 1992, 10(3): 23-26.

[59] 洪漪. 我国国家叙词库建设中几个问题的探讨[J]. 技术与市场, 1993(3): 209-212.

[60] 侯汉清, 李华. 《中国分类主题词表》(第二版)评介[J]. 国家图书馆学刊, 2006(2): 15-20.

[61] 侯汉清, 马张华. 主题法导论[M]. 北京: 北京大学出版社, 1991.

[62] 侯汉清. 网络时代的情报检索语言: 进展及热点[EB/OL]. [2009-03-30]. http://www.dlresearch.cn/download/beida60/hhq3.ppt.

[63] 贾玉文. 网络百科全书的发展及其意义[J]. 大学图书馆学报, 2002(6): 35-38.

[64] 赖院根, 吴雯娜. 基于叙词表的概念语义相似度计算[J]. 图书情报工作, 2009, 53(8): 21-24.

[65] 李光达, 常春. 构建本体时获取概念方法研究[J]. 情报科学, 2009(5): 713-716.

[66] 刘华, 曾建勋, 沈玉兰. 网络环境下叙词表编制标准的国际发展趋势[J]. 情报杂志, 2009, 28(11): 41-45.

[67] 刘华. 叙词表国际标准的修订及其对基于知识组织的术语服务的影响[J]. 图

书情报工作, 2012, 56(22): 21-25.

[68] 刘华梅, 侯汉清. 基于情报检索的汉语同义词识别初探[J]. 情报理论与实践, 2005, 28(4): 373-375.

[69] 刘华梅, 侯汉清. 基于受控词表互操作的集成词库构建研究[J]. 中国图书馆学报, 2010, 36(3): 67-72.

[70] 刘华梅, 侯汉清. 叙词表互操作技术研究: 教育集成词库的试验[J]. 中国图书馆学报, 2008, 34(5): 95-99.

[71] 刘伟, 黄小江, 万小军, 等. 互联网环境下的英文同义术语自动发现研究与系统实现[J]. 图书情报工作, 2012, 56(22): 26-31.

[72] 刘伟, 周杰. 网络环境下叙词表编制系统中的并发机制探讨[J]. 图书情报工作, 2011, 55(22): 11-14.

[73] 刘湘生. 主题法的理论与标引[M]. 北京: 书目文献出版社, 1985.

[74] 马张华, 侯汉清, 薛春香. 文献分类法主题法导论(修订版)[M]. 北京: 北京图书馆出版社, 2009.

[75] 马张华. 信息组织[M]. 北京: 清华大学出版社, 2009.

[76] 毛军. 元数据、自由分类法(Folksonomy)和大众的因特网[J]. 数据分析与知识发现, 2006, 1(2): 1-4.

[77] 倪静, 赵新力, 钱起霖. 国外电子政务主题词表编制及网络应用的比较分析[J]. 情报学报, 2003, 22(5): 565-571.

[78] 欧石燕. 基于SOA架构的术语注册和服务系统设计与应用[J]. 中国图书馆学报, 2011, 37(5): 13-25.

[79] 羌丽, 张学莲, 侯汉清. 图书大众标注评介: 以豆瓣网为例[J]. 中国索引, 2009(2): 21-26.

[80] 全国情报文献工作标准化技术委员会. 文献多语种叙词表编制规则: GB/T 15417—94[S]. 北京:中国标准出版社, 1994.

[81] 全国文献工作标准化技术委员会. 汉语叙词表编制规则: GB 13190—91[S]. 北京: 中国标准出版社, 1992.

[82] 全国文献工作标准化技术委员会. 文献叙词标引规则: GB/T 3860—1995[S]. 北京:中国标准出版社, 1995.

[83] 水利部信息研究所. 水利水电科技主题词表[M]. 郑州: 黄河水利出版社, 1998.

[84] 司莉, 徐丽晓, 吴钢, 等. OCLC术语服务研究: 背景、进展与启示[J]. 中国图书馆学报, 2007, 33(1): 58-61.

[85] 司莉. 叙词表在网络信息组织中应用的调查分析及其优化[J]. 图书馆论坛,

2007(6): 183-186.

[86] 宋培彦. 基于知识组织的术语服务体系研究[J]. 图书情报工作, 2012, 56(22): 6-11.

[87] 宋岩."国家叙词库"建库设计与分析[J]. 情报理论与实践, 1991(4): 28-30.

[88] 搜狗输入法细胞词库[EB/OL]. [2010-09-15]. http://pinyin.sogou.com/dict/cell.php?id=1234.

[89] 王珊, 萨师煊. 数据库系统概论[M]. 北京: 高等教育出版社, 2007.

[90] 王知津. 知识组织理论与方法[M]. 北京: 知识产权出版社, 2009.

[91] 吴雯娜, 鲍秀林. 国家叙词库的体系结构与数据模型[J]. 中国图书馆学报, 2016, 42(2):81-96.

[92] 吴雯娜, 曾建勋. 叙词表微观结构的描述与评价: EI叙词表与中文叙词表的对比分析[J]. 图书情报工作, 2009, 53(8): 12-16.

[93] 吴雯娜, 王星. 叙词表融合方法研究[J]. 中国图书馆学报, 2012, 38(4): 110-118.

[94] 吴雯娜. 我国叙词表的编制历史与发展模式[J]. 情报理论与实践, 2018, 41(6): 43-48.

[95] 鲜国建, 孟宪学, 常春. 农业科学叙词表的OWL表示研究[C]//中国农科院农业信息研究所建所50周年庆祝大会暨中国农业信息科技创新与学科发展大会, 2007.

[96] 熊霞, 常春, 吴雯娜. 叙词表相关关系逻辑检查方法的设计与实现[J]. 情报杂志, 2010, 29(11): 154-158.

[97] 袁旭, 常春. 面向构建的叙词表相关关系获取途径研究[J]. 情报科学, 2013(1): 68-72.

[98] 张丽莎, 刘锦绣. 专业分类主题词表性能测评: 以医学和教育分类主题词表为例[J]. 图书馆学刊, 2009, 31(4): 80-82.

[99] 张琪玉, 丘峰, 翟风岐. 情报检索语言论文选[M]. 北京: 书目文献出版社, 1990.

[100] 张琪玉. 情报检索语言[M]. 武汉: 武汉大学出版社, 1983.

[101] 张琪玉. 情报语言学词典[M]. 北京: 北京图书馆出版社, 2000.

[102] 张琪玉. 网络信息检索工具的热门类目[J]. 图书馆杂志, 2002(8): 28-29.

[103] 张意轩, 王瑶. 网络"微文化"凸现: "智愿者"的网络"锐词"[N]. 人民日报, 2010-06-01(新兴媒体版).

[104] 赵捷, 曾建勋, 吴雯娜. 网络环境下叙词表协同编制系统的构建[J]. 图书情报工作, 2011, 55(22): 6-10.

[105] 赵妍, 侯汉清. 中文期刊文献通用词标引分析[J]. 图书与情报, 2007(1): 63-65.

[106] 中国科学技术情报研究所, 北京图书馆. 汉语主题词表[M]. 北京: 科学技术文献出版社, 1980.

[107] 中国科学技术情报研究所《汉语主题词表》自然科学部分维护组. 汉语主题词表: 自然科学增订本[M]. 北京: 科学技术文献出版社, 1991.

[108] 中国图书馆分类法编辑委员会. 中国图书馆分类法[M]. 北京：国家图书馆出版社, 2010.

[109] 周杰, 丁逍劲, 吴雯娜, 等. 网络环境下国家叙词库的构建研究[J]. 图书情报工作, 2013, 57(16): 5-10.

[110] 周日安. 简论网络语言[J]. 语言科学, 2003(4): 95-100.

后 记

　　2007年，我从万方数据公司调任中国科学技术信息研究所信息资源中心，开始主持国家工程技术图书馆日常工作，其间重点推进了几项基础性资源建设，如科技报告资源系统构建、国家工程技术数字图书馆建设、国家科技计划项目档案整理，也就是人们通常说的工作量大又不易产生现显效果的事情，其中也包括网络环境下《汉语主题词表》重构修订工作。

　　由于信息资源中心从文献馆时代以来就一直在坚持词表、辞典和术语资源方面的业务工作，如1980年主编出版《汉语主题词表》，1991年修订出版《汉语主题词表（自然科学卷）》，1998年出版《英汉科技大辞典》，2000年出版《中国图书资料分类法》等，积累了约400万条的术语资源。如何将这些术语资源进行"知识性组织"和体系构建，形成基于术语逻辑关系的知识组织体系，继承和发扬中国科学技术信息研究所在《汉语主题词表》《中国图书资料分类法》等知识组织方面的传统，逐步向成立汉语术语数据中心、国家叙词库和《汉语主题词表》三级知识组织体系的国家基础数据设施迈进。

　　源于"748"工程的《汉语主题词表》在推进了我国情报检索语言发展之后，在网络环境下又面临新的挑战和机遇，需要探索新的形态、新的结构、新的构建方式、新的应用场景和服务模式等。为此，2009年在梳理集成术语资源、组建队伍、研讨思路的基础上，我组织制定了《汉语主题词表》重修方案，得到时任所长贺德方先生的高度重视，随之批准了《汉语主题词表》重修计划，并给予经费支持。从此，我就踏上了网络环境下新型《汉语主题词表》构建的漫漫之路。

　　本书的出版目的是重点记录10年来新型《汉语主题词表》的探索经历与实践过程，主要表述汉语类主题词表的发展演变路径，记录《汉语主题词表》的历史作用与现实意义，展示新形势下《汉语主题词表》重构的框架、思路、流程和模式，归纳《汉语主题词表》构建中探索的标准规范、基础词库、协同编制平台和范畴体系，阐述概念建设、关系构建和范畴分类等核心构建业务，详述《汉语主题词表》服务系统，即《汉语主题词表》的展示平台和效果体现窗口。

本书源于2008年以来我所带领的词表研究团队在《汉语主题词表》构建与应用实践中的一些研究成果，既包括《汉语主题词表》重构方案、编制规则、编制说明、协同编制平台和服务系统需求说明及应用手册等相应业务内容，又吸纳了2009年以来信息资源中心获准相关社科基金的知识组织课题研究成果；既包含《汉语主题词表》研究团队的知识，又包含《汉语主题词表》编委会专家的智慧，是集体智慧的结晶，在此一并致谢。

新型《汉语主题词表》规划为工程技术卷、自然科学卷、生物医学农业卷和社会科学卷分阶段实施，目前由中国科学技术信息研究所重点项目经费支持的前两卷已经编制完成并出版，生物医学农业卷在科技部基础研究司的大力支持下即将开始编制。《汉语主题词表》是一项基础性、公益性、持续性工作，还需要持续建设和维护下去。本书既是在记录《汉语主题词表》发展过程和构建流程，又是在传载《汉语主题词表》知识组织基础意识和方法，希望更多的专业人士关注、关心《汉语主题词表》的发展，期待更多的专业机构应用、实践《汉语主题词表》的各项功能，共同将《汉语主题词表》这一知识组织基础设施进行到底。

曾建勋
2019年10月于怡秀园